預見50歲後的大小事

生命中不能不知的關鍵時刻

吳佳駿、劉詠廷、邱家潔、蘇裕豐、葉國平、曾智群、巫奉約、吳宜倩、王芷湄、李健儒——著

積極開啟人生下半場，自求者多福

— 劉詠廷

　　我們發現許多人愈是年邁，愈是害怕自己是不是老了不中用了、不被需要了、沒有社會價值了，甚至恐懼自己會不會失智而不認得家人，造成家人困擾，變成家人的負擔；而隨著身體日漸衰弱，愈來愈希望孩子和孫子多來探望、陪伴自己，不僅如此，內心深處可能更希望孩子能夠懂自己，但也知道大家的相處並不是很融洽，見了面可能難免會有齟齬，因此心中充滿矛盾，甚至抑鬱成疾；另一方面也擔心，自己有沒有足夠的積蓄，能在不靠孩子的情況下過好下半輩子；還有不得不面對的遺產分配議題……。

　　本書集合各領域的專家，旨在協助你處理如上述的自身心理、健康、關係、財務和法務等無形和有形的問題，讓你開啟美好的人生下半場，而這一切都是從自己開始。

　　縱觀人生所求者，不外乎一個「福」字。

福，是指富貴壽考，白話來說就是有錢、有地位、長壽，而且家庭和樂。

錢、地位、長壽都是人一輩子想要獲得、爭取、緊握的。在年輕時，尤其是錢（利）；在中年時，尤其是地位（權名）；在年邁時，尤其是長壽（健康、和樂）。

在年輕時，可能透過借債槓桿來擴大財富；中年時，限縮借債在可承受範圍，透過人脈來擴大財富；年邁時，趨向保守，盡力消除負債、穩定投資，專注在健康養生。可以說，人一輩子編織的故事，就是追求「福」的故事，而「福」其實就是人生資產與負債的總和。

福，是有形的，也是無形的，而人生的資產與負債也是如此。

在追求「福」的過程中，我們可能太專注在有形的資產和負債，其中，有形負債可能如影隨形，讓人備感壓力，但其實貫穿人生全方面、影響人一輩子的負債，不是來自於外在，而是來自於內心的無形負債，即負面感受、感覺、情緒、心情的累積。這種負面心理的累積，可能從出生就開始，直到終老，甚至傳給後代。

無形的負債，如同有形的負債和資產，也具有「複利效果」，會愈滾愈多，但卻更不易察覺。負面心理的累積，長期下來，不僅會影響健康狀態（長壽），也會因為健康狀態不好而影響與人相處時給人的觀感（地位），更會影響工作狀態（錢），所以對無形的負債，要比對有形的負債更加地小心翼翼。

但儘管想要避免無形負債不斷累積，然而每天的生活中，有太多意想不到、甚至是不公不義的事情，都可能讓人不斷地產生

負面的心理，那麼我們到底該怎麼辦？

關鍵就在「自求」。自求相對於外求，是內求的意思。

一個愈會內求的人，就是愈有道德的人。

而道德的最高境界，就是成為真正自由的人。

一個真正自由的人可以選擇自己任何時刻的情緒、心境，不會因為某個人跟你說的某句話、做的某件事，而隨之起伏。

如果你被大力稱讚，你不由自主地感到非常開心，那這時你是不自由的，因為這個開心不是你選擇的。

如果你被大聲辱罵，你不由自主地感到非常難過，那這時你是不自由的，因為這個難過不是你選擇的。

真正自由的人，就是一個內心真正快樂的人。

而發自內心的快樂，身體就會健康，更會真誠待人以善，讓每個人與之相處時感受到快樂，因沒有人不想跟真正快樂的人做朋友。此時即便不想財，財亦來。

但問題是在每天的日常生活中，有太多令人無奈、影響情緒

甚至動怒的情境，譬如：上司無理的要求、同事或廠商推卸責任、甚至是擺爛、因小事不滿而鬧脾氣的家人、家人用負面的話語表達關心或建議、照顧家人反而被家人嫌……。這時，我們該如何面對？

如果你想要成為內心真正自由、過著發自內心快樂生活、享受人生的人，那麼你要記得提醒自己這個目標，並且告訴自己，自己才是主宰自己情緒的人，尤其在遇到可能產生負面情緒的情境之前先提點自己；如果是意外事件，那可以在發生當下，轉移自己的注意力，譬如，在心中默念：「我是自己情緒的主人」或「我選擇當一個內心真正快樂的人」；如果你有宗教信仰，若是佛教，那可以默念：「南無阿彌陀佛」、「南無觀世音菩薩」；若是基督教、天主教，那可以在心中祈禱。透過這樣的方式，你會發現自己的情緒愈來愈在自己掌握之中，而當可以控制自己的情緒時，我們就更能夠針對情境做出好的應對。

家人言談間有意或無意的中傷，是最讓人心痛的事，因為對於大部分的人來說，外人可以不懂自己，但唯有家人應該、甚至是必須要懂自己，再加上這樣的中傷，可能會令人感到自己過去的一切被應該最懂自己的人完全否定，所以家人言談間的中傷非常具有殺傷力。這種強力的中傷，可能發生在夫妻、親子，也可能發生在照顧年長父母的時候。

在這種情境之下，我們之所以會感到非常痛苦，是因為我們把自我認同建立在別人的認同之上，所以當我們原本有得到或原本以為有得到別人的認同，卻在言談間，似乎突然地失去別人的認同時，就會感到非常痛苦。這就是把「自我認同」建立在「外求」之上所導致的。

有的時候，可能家人、同事，常常做出自己不喜歡、不滿意

的行為，而這個行為也可能會造成其他人的不便，雖然屢屢跟對方表示希望對方改進，但對方可能改了一陣子之後，又故態萌發，讓人非常困擾，那該怎麼辦？

這種原本看似的小問題，之所以後來可能演變成大問題，是因為它會長期影響情緒。而當我們能掌控情緒時，這問題則會簡化成是否有必要去要求別人改變？如果會影響多人而真的有必要，那麼要如何去協助對方改變？這可以透過較正式的會議（如本書提到的家庭會議），大家一起討論，將會更具有影響力。

你會發現，當你愈來愈能夠拿捏心理時，愈能將無形負債逐漸轉化為無形資產，因為你愈來愈能夠找出更好的方法去處理事情，並且讓人愈來愈歡喜跟你做朋友、家庭愈來愈和樂。甚至你還會發現，因為心理愈來愈不受外在影響，所以在投資理財時能不受短期波動影響、堅定自己的投資策略而賺到長期的獲利。這是由內而外，從無形影響到有形。

有些人可能太專注在有形負債或有形資產的多寡，而在有意無意間忽略了無形資產（正面的情緒與心情、真正的友誼、真心的家人、真愛），因而雖然在相對短時間內賺到了令人稱羨的有形資產，但卻失去更長時間的無形資產，產生了龐大的無形負債，所以儘管創造了一代人的富有，卻在第二或第三代就蕩然無

存，更甚者是還未享受到就已經撒手人寰。

在「自求」的過程中，短期內可能無法快速累積有形資產，而且連無形資產的累積都很慢，但長期下來的「複利效果」卻往往遠超汲汲營營於有形資產，這是因為「自求」可以讓人正確的應對各種情境，並且能藉自省不斷找出更佳的應對方式，創造出天時地利人和的效果。

你也可以發現，累積有形資產和累積無形資產的順序往往是顛倒的：一個是由外而內，一個是由內而外。有形資產是先求財，再求人脈，最後求健康，但無形資產是先健康，再人脈，最後才是財，而且全部所得（福）都不是「向外求」來的！

所以如果我們將「福」視為外在之物，想向外求而得，那麼往往一輩子都無法求得，因為「福」就在我們心中，而愈有道德愈有福。如果我們想更進一步，讓後代也有福，那麼最重要的一件事就是「道德」教育。（請見本書〈63 歲〉）

本書提到許多有形和無形的問題，譬如，有形的問題：如何面對父母衰老、更年期、財務規劃；無形的問題：家庭關係、溝通、照顧的壓力；橫跨有形和無形的問題：健康養身。每一個主題都有提出各種有形、無形的方法，幫助你將有形、無形的負債，轉化為有形、無形的資產，但所有的方法，關鍵都在於自己有沒有積極行動，唯有「自求」，才能「多福」！

現在就讓我們開啟美好人生下半場的旅程吧！

　　我是本書主要的作者吳佳駿（小吳醫師）。這次的書寫計畫，我有幸與劉詠廷老師合作，並由幸福顧問安妮協助，我們集結了共十位專家，一起撰寫這本書，使其充滿深度和專業知識。

　　這本書主要探討五十歲以後可能遇到的人生議題。雖然我們嘗試涵蓋各種範疇，但必然有所遺漏。不過，相信你在書中可以找到很多有用的資訊和建議。

　　你可以採用三種方式閱讀：

1. 依序閱讀：從頭到尾一氣呵成地讀，尤其建議五十歲前的讀者也是蠻適合閱讀，因為能提前了解可能遇到的問題，以預先作好準備與想好對策。畢竟，預防總比事後處理來得簡單。

2. 串聯閱讀：本書的目錄標題後均有主題分類，例如：心理、溝通、醫療養生、財務投資和人生規劃等。你可以根據自己的需求選擇相對應的主題進行閱讀。另外，每篇文章都有註明作者，如你喜歡某位專家的寫作，可以追蹤他們獲得更多資訊。

3. 主題閱讀：選擇自己感興趣的主題進行深入研讀。此外，建議先閱讀序文〈積極開啟人生下半場，自求者多福〉，這是全書的深度內涵。另外，本書結語〈豐富你的人生下半場〉不容錯過，我們在書的結尾部分進行了主題的總結，幫助你掌握核心概念。

此外，我們還創建了一個專屬網站，提供書中未能詳述的相關資料。掃描下方 QR 碼即可訪問。若你在閱讀中有任何疑問或建議，請隨時透過電子信箱：support@rayandhealth.com，與我們聯繫。期待你的反饋，並祝你閱讀愉快。

目錄
CONTENTS

50 start

50 0 years ol

50 歲
生命的新章節，愛與犧牲的交織
— 心理、溝通、醫療、長照、財務

在五十歲這一特殊的年紀，林海遇到了他人生的一個重大轉折點。

他是一個高效能的企業主管，從未停下腳步去深入思考自己的人生。但當他接到醫院來的電話，父母的健康狀況急轉直下，這一刻，他的世界突然靜止了。

與父母的關係對林海來說一直是一個微妙的話題。他們對生活的價值觀和模式完全不同。他追求事業的成功和個人的自由，而父母則堅持傳統的家庭觀念和節儉的生活方式。這些不同觀念在平日已經經常引起磨擦，而現在，這些磨擦似乎被放大，更加明顯和尖銳。

面對父母生病的消息，林海感到一種從未有過的雙重壓力。他深愛父母，願意為他們付出一切，但同時，他也明白這將意味著巨大的犧牲：他可能需要作出痛苦的選擇，是繼續專注於自己的職業生涯，還是選擇「照顧離職」，全職在家照顧重病的父母？

愛與犧牲在這一刻緊密地交織在一起，成為林海心中最深的困惑。他的內心充滿了掙扎和矛盾：他該如何在對父母的責任和對自己未來的規劃之間找到平衡？

打造最重要的無形資產：真心交流的家庭

• 五十歲不僅是一個數字，更是一場人生的重新定義

當人們達到五十歲左右時，他們同時會面臨與孩子和父母之間的關係變化。如果他們有孩子，通常孩子會進入青春期，開始追求獨立，關係也需要放手，不再像以前那樣經常在一起，彼此之間產生了一些距離感。同時，他們的父母年紀漸長，更需要關愛和照顧。

在孝道的觀念下，無論平常有沒有見面，我們通常會回家過年過節。有些人希望關心自己的父母，或者談談自己的近況，但令人難過的是，回到家後帶著禮物看著父母，說：「爸、媽，我回來了！」但不久之後，又無法找到合適的話題，只能聊些瑣事，內心感到空虛。

對於家，我們總是抱有期待。想像回家是一種溫暖的避風港的感覺，但對一些人來說，回家卻讓他們感到局促不安。無法找到內心的話語，有時童年時期的無助感重新浮現，比如很看不慣爸爸對待媽媽的樣子，就很想糾正他！又不知道這麼短的時間，他要怎麼去指正自己的爸爸，心中很是不滿，在家幾個小時待不住了，只好藉口說還有工作要先走了。

有時候，這種無力感源於我們和父母之間的互動。回家後，他們問著你工作如何，關心你在外面的飲食狀況等等，這些關心讓你感到壓力很大；一直要給予建議，卻說一些負面的話：「這工作能賺錢嗎」、「你這樣吃不健康」、「這個男的不好」……。無法進行對話，只能轉移話題或者逃離。離開家後又有一種罪惡感浮現，為什麼我無法與父母和睦相處？內心感到很沮喪。

如果說人生上半場，我們學習成為自己，學習跟隨孩子成長，那麼人生下半場的重要心理議題，就是修復原生家庭的關係。說到修復，不免感到沉重困難，安妮在幸福家庭賦能協會中推動的愛餐工作坊，就是促進安全感的關係，打造改變的基石。

前面談到兩個方向：第一個是父母的行為舉止和自己的價值觀不一樣；第二個則是父母想表達他們的關心，只是我們不喜歡這種關心，因為感到父母希望你按照他們的話去做，有點被迫，即使他們是正確的，但被迫就是要勉強自己的意志配合。

現在談談另外一種情況，也許父母此時面臨著老年憂鬱，所以他們抱怨的話很多，回到家後一直聽著父母的抱怨，也讓我們感到煩躁，不知道如何回應。

這些情況都讓子女回到家中，原本期待著家是一個避風港，卻總是感覺被推開，讓人無法停留。但離開後又感到壓抑和內心的矛盾：為什麼我就無法與父母好好相處？可能會直接發生衝突或轉身離開，下次重新再來一次。特別是當父母對我來說是很重要的人時，內心的矛盾感更加強烈。

在五十歲之前，如果有自己的家庭，忙著照顧孩子，這種矛盾感可能不會那麼強烈，因為有很多事情要分心，很多事情要處理。然而，當放下了照顧孩子的責任，把焦點轉移到父母身上時，我們突然意識到這種關係需要改變。

想像一下，如果父母此時有健康的問題，例如需要看醫生、需要吃營養品，或者在退休後人際關係發生了變化，遇到了不好的人或者被騙，或者是財產分配等等，在溝通受阻的情況下，每一件事情都變得更加困難，因為溝通的成本很高。

有些家庭資源和情緒資源都耗費在溝通不良，不少人提到父

母說的常常不是他們真正想要的，所以當子女完成父母的願望，卻發現爸媽依然哭訴著，例如：媽媽吵著要離開養老院，真的帶她離開了，她又說「怎麼回家那麼無聊」……，反反覆覆的孝順行為也會因而感到挫折不斷。面對心口不一的父母，該如何去應對呢？

相反地，如果關係的對話是順暢的，我們就可以自然而然地討論這些重要的議題。真心地傾聽彼此的感受和需求，尋找最佳的解決方案。而不是一直為了對方而努力，卻一直錯過了彼此。

• 重新連結，解開五十歲後原生家庭關係的矛盾

你知道嗎？即使年過半百，有時候我們也期待父母能夠照顧自己，但在華人文化中，我們往往陷入角色的反覆轉換，這讓我們內心的渴望無法得到滿足。

首先，必須意識到過去的角色在我們的生活中一直存在。現在，我已經是成年人，進入了中年階段，我的角色有時候可能會互相交換，或者更趨向平等的關係。

想像一下，當我們還是青少年時，與父母的關係開始向著更像同輩的方向發展。所以，如果在三、四十歲時與孩子的關係同步改變，那麼理論上在五十歲時，這種轉變會更加順暢，彼此也會越來越習慣平等的關係。

然而，如果我們習慣了上下關係，習慣做為孩子不能越界的角色，那麼當父母的價值觀和做法與我們不同時，就會感到很矛盾。這種矛盾來自於我們曾經敬仰的長輩，過去對他們非常崇敬，是我們仰望的對象，但現在好像我要給他們提建議，內心就

會產生一個障礙，不確定他們是否會聽我說，或者他們是否會想我有什麼資格對他們說這些？

同時，事實上我已經長大了，所以在心理和真實的關係上，會感到有些混亂和矛盾。換句話說，人生的下半場一直在提醒我們要覺察，覺察自己的狀態以及與周圍人的關係變化。但如果沒有意識到這種變化，繼續按照過去既定的模式去互動，很容易產生關係的僵化和處理不了的衝突。

回想小時候，爸媽是帶著我們成長的，自然就會有上下關係。但隨著我們長大，不僅是身體的成長，還有心理上的成熟和經驗的積累。因為孩子們越來越成熟，所以理論上孩子與父母會朝著越來越平等的關係發展。

當我們沒有意識到這種變化，潛意識仍以過去的上下關係來互動時，就會不自覺地失去了平衡。然而，我們彼此的心理都需要成長。父母需要更有智慧，子女則需要更成熟。

當父母只有單向式地關心孩子時，會給關係帶來壓力，即使成年人心中住著一個內心的小孩，但這個小孩又覺得自己已經不再是真正的小孩，內心產生矛盾。例如，生活中頻繁的飲食慣性，有些父母習慣把冰箱塞滿給早已成年的孩子，要求他們吃下所有的「愛」。

• 五十歲的覺醒，從孩子到成人，如何重新學習父母的相處之道

要解決這種矛盾，父母必須意識到，他們的孩子已經長大，同時，五十歲的成年人也要意識到自己不再只是一個小孩，而是

一個成年人。然而，在華人家庭中，這個過程並不容易，因為父母經常無法釋放對孩子的控制，孩子就難以展現自己的獨特性格，因為他們一方面要滿足父母的期望，另一方面又不自覺地在父母面前變成了小孩。

當我們不希望被這種矛盾的關係所束縛，覺察自己處於矛盾而想要改變的第一步是：意識到「這不是我想要的」，並產生了「我要」和「我不要」之間的分界。或者首先要辨認出「我不要」的部分，即使還不確定自己「想要」什麼。

當表達「我不要」時，並不是切斷關係，而是尊重自己的感受需求，重新和父母學習如何好好相處和溝通。這樣的學習之所以對許多人來說感到陌生，是因為在成長的過程中，我們的角色和狀態一直在變化，但學校似乎沒有教過這點。

這種愛和照顧之間的本質是，父母和孩子都是個體。當被照顧時，孩子會覺得父母很偉大。我們都渴望有一個在我們前面指引我們的人，看著父母的背影長大，期望他們是美好而完整的人。孩子們不自覺地投射這種期望在父母身上，而父母的期望也投射在孩子身上，希望孩子比他們更優秀。

我們都需要承認自己是人，同時也可能是不同的人，而且我們都還在成長中。因此，基本的理解是：首先，我們是不同的；第二，我們都在成長中。父母也有缺點，他們也在學習如何當父母，即使我們已經五十歲了。

因此，即使到了五十歲，我們仍然要意識到，我們的父母也是人，他們也會犯錯，也會感到無助，也有許多需要學習的地方。雖然以前他們對我們是全知全能的，但當我們長大離開他們的保護時，便發現他們其實並不完美。他們的本質和我們一樣，也有脆弱的一面……。這樣，我們就能更平等地回應他們的關

心。

例如，當他們一直叮嚀著我做這個、做那個時，我知道他們本質上是在關心我，儘管他們所知道的世界觀還停留在過去。但我是否可以理解他們的本質，表達出對他們關心的感激呢？對於父母，我們可以給予一些本質上的積極回應。

再來，我們需要內在覺察到，現在的角色設定，是否還在用童年時對待父母的習慣與回應。好像我只是一個小孩，當他們一直照顧並關心我時，我好像不能真正地平等對待他們，只能保持距離，因為我不喜歡這種感受。

但事實上，你們現在應該可以平等地討論這些事情，給予對方正向的回應，讓對方進入彼此的世界，也可以更了解對方。

改變的步驟有三個：首先，察覺矛盾的關係、意識到「我不要」；第二，意識到彼此已經平等成長且彼此都是獨立的個體，並且意識到父母也有優缺點，和我們小時候所想的不同；第三，嘗試改變，回應對方的本質。因為無論是責備還是爭吵，這些都只是表面現象，真正的動機可能是關心對方。

總括來說，與父母的相處之道改變的關鍵在於：

- 調整和父母的關係的第一步是意識到自己不再只是孩子。
- 孩子和父母都有期望和投射，且彼此都在成長中。
- 面對父母的不完美，孩子需要有更成熟、平等的回應和相處方式。
- 最終目標是放下過去的矛盾，真心去感受彼此，建立真誠的親情連結。

回首這段尋找、探索的旅程，就會發現，與其尋找一種定式

的相處模式，不如從心出發，真正去感受彼此的存在。畢竟，生命中沒有一成不變的角色，只有不停變化的情感和關係。當我們選擇放下過去的矛盾，勇敢面對真實的自己和父母，那麼，無論年齡如何，都能找到那分最真誠、最深沉的親情連結，讓彼此的生命更加繁盛與美好。

要知道，家，是我們人際關係的原鄉。哈佛大學長達七十五年的快樂研究，發現人終久的快樂幸福，來自於人際關係的滿意度。

愛與感恩堆砌了幸福的厚度，對愛的虧欠感、好好道別，讓關係不留遺憾；幸福家庭賦能協會培養幸福關係教練，我們從愛如三餐的生活操練開始，不斷行動著令我們持續幸福的關鍵。現在開始，終久必有收穫。

邀請你掃描下方 QR 碼以了解更多。

心理測驗：了解你與父母的彼此關係

想了解跟爸媽實際關係如何呢？可以進行下面小測驗。測驗共有 A、B、C 三個部分，請依序作答：

A 部分：「是」「否」小測驗
◎直覺回答「是」或「否」，然後計算有幾題答「是」。

01. 爸或媽的用錢方式，我不認同。
02. 爸或媽的交友圈，我不想參與。
03. 爸或媽對教養的觀點，我不認同。
04. 爸或媽對待彼此的方式，我不欣賞。
05. 爸或媽曾造成我的童年創傷。
06. 爸或媽不知道我在外真正的遭遇。
07. 爸或媽用自己的觀念和喜好硬塞給我。
08. 當我想拒絕爸或媽的意見，會有很多情緒負擔。
09. 爸或媽會不斷抱怨彼此。
10. 爸或媽的生活抱怨不斷。
11. 我對爸或媽有隱藏的憤怒。
12. 我和爸或媽，常常對話就有衝突，很難真正達成共識。

以上十二題總共有幾題答「是」，就是 A 部分的分數。如答七題為「是」，A 部分的分數就是 7 分。

B 部分：自己和爸媽的關係品質，覺得如何？

◎請從 1、2、3、4、5 數字，直覺回答其中一個數字。1 表示關係品質很不好，數字越高表示品質越高，5 表示關係品質非常好。B 部分的分數是反向計分，請看下方對照表。

你選的數字	B 部分的分數
1	5
2	4
3	3
4	2
5	1

如果你選「1」，B 部分就得 5 分；如果你選「2」，B 部分就得 4 分，以此類推。

C 部分：自己和爸媽的關係滿意度，覺得如何？

◎請從 1、2、3、4、5 數字，直覺回答其中一個數字。1 表示關係很不滿意，數字越高表示滿意度越高，5 表示關係非常滿意。C 部分按照回答的分數，1 就是 1 分，2 就是 2 分，依此類推。

心理測驗計分

請把 A、B、C 三個部分放入下面公式，並往下查詢實際狀況。

測驗總得分＝A 得分×B 得分 ÷ C 得分

如果 A 部分得 7 分，B 部分得 2 分，C 部分得 3 分，則總得分＝7×2 ÷ 3＝4.66，結果是關係有點矛盾。

測驗結果分析

總得分 0～0.9 分：沒有矛盾感

恭喜你！你和父母之間沒有什麼矛盾感，親子關係即使偶有意見不同，關係仍十分融洽。

總得分 1～4.9 分：關係有點矛盾

這是多數常見的現象，難免會有關係矛盾的時候。如果矛盾是因為你很在乎，那麼請試著把內心在乎的部分好好表達出來，讓父母能理解。

總得分 5～8.9 分：關係有矛盾

你和父母的關係有矛盾感，會覺得卡卡不順。回想這樣的卡住持續多長的日子，如果行之有年，不妨找心理專業或是一些心理成長課程，幫自己修通內心的結，讓關係更順暢滿足。

總得分 9～17.9 分：關係相當矛盾

你和父母之間有比較多的情緒議題未解，在父母身邊無法讓你安

心舒適，總是很快就想要離開。一個人的家若能重新安頓關係，也是重建自己的內心世界，很鼓勵你開放自己的心，多和不同的家庭連結；同時也尋求心理專業的協助，重複學習心理相關議題的課程，消解內在未解的情緒議題。

總得分 18 分以上：關係非常矛盾

你和父母之間有著很緊張的關係，讓你內心能逃多遠、想逃多遠。但家庭是一個人的重要起點，影響也會持續，建議你不要逃避，長時間穩定的尋求心理專業的協助，有耐心地重建內心破碎痛苦的狀態。否則生命像是從一個城堡逃向另一個城堡，不斷移動奔逃的內心，外在即使看來有成就，內心卻不易感到幸福快樂。

你需要的不是溝通，是交流

其實在以前，中文裡沒有溝通這個詞彙，這個詞彙是近代才有。

當初英文的「communication」會被翻譯成溝通，有可能是一場誤會，因為原本英文這個字的意思是指「交換訊息（exchange information）」，然而被翻譯成「溝通」之後，儼然變成隱含「有障礙所以需要通」的意思，而這樣的意涵也延伸到現在我們的日常生活中。一旦認為某件事情「需要溝通」，意味著有障礙在那裡。這跟「communication」的本意相去甚遠。

現代，溝通被歸為終身學習類的課程，而目前在這些課程中，溝通類課程的數量大概是其他終身學習相關課程的二十倍之多。

現在很多人想學溝通，是因為覺得有障礙需要通，但忽略了應該在造成障礙之前，學會不製造障礙。並且在有障礙的情況下，先學會化解障礙，而不是想出一個更好的辦法，把你想要講的東西塞給對方。甚至，很多人以為學了溝通，就可以說服對方，或讓對方了解自己，甚至改變對方。

溝通就像是一面鏡子，如果你一心只想要別人把你的話聽進去，認為對方只要聽懂了你說的話，那麼事情就會有所改變。如此一來，很有可能對方會認為你根本沒有用心聽他說話，然後一心只想讓你把他的話聽進去，同時也會認為如果你聽懂了他說的話，那麼你就不會這樣跟他說話。

當你認為對方沒有把你的話聽進去，然後想辦法讓對方接受的時候，你已經不是在溝通，而是在說服。真正的溝通不是想盡辦法讓對方接受，而是互相交換想法。不過在中文裡，有一個更棒的概念：「交流」。

交流不要求別人認同，也不要求說服、改變對方，只是表達自己的想法，無關乎對方的想法是否和自己不同，也不會因為別人的想法與自己不同而影響心境，所以彼此可以充分表達，在這樣的過程中，甚至可以激盪出新的想法。

交流其實就是「和而不同」：彼此和諧相處，也不必強迫對方認同或同意什麼，彼此了解對方切入的角度、重點、立場，互相欣賞彼此的不同。

家庭和樂的關鍵，不在於你會不會溝通，而在於你會不會交流。

• 影響一輩子的說話和聽話方式

神經語言程式學（NLP）大師，羅伯特‧迪爾茨（Robert Dilts）早年提出一個至今廣泛被使用的心理模型：從屬等級（logical levels，又譯為邏輯層次），在這個模型中，分為六個層次，在此討論最常用的五個層次，由高到低依序為：

1. **自我認同**
2. **信念、價值觀**
3. **能力**
4. **行為、情緒**
5. **環境**

這個模型最關鍵的地方在於，高層次的改變必定可以影響到低層次；反之，則不一定。

舉例來說，如果孩子數學考不好，你想要安慰他，你可能會對他說：

1. 孩子，這是因為題目出太難，不是你的錯。（環境層次）
2. 孩子，你只是這次習題沒做完，下次考前有做完，考得就會更好！（行為層次）
3. 孩子，你這次習題都沒做完，還能考這樣的成績，真厲害！（能力層次）
4. 孩子，我相信你的實力，之後發揮出來就好。（信念層次）
5. 孩子，我知道你是數學很好的人，一次的考不好，沒什麼關係。（自我認同）

在 1 的例子，是把過錯推給外在的題目，讓孩子不要那麼自

責。

在 2 的例子，是把焦點拉回孩子自身，但只限縮在一小部分的行為，讓孩子有明確的改進目標。

在 3 的例子，是把焦點放在孩子本身已經擁有的能力，讓孩子轉念，發現自己原來有能力。

在 4 的例子，是讓孩子知道，我們相信他擁有實力，只是這次沒發揮出來而已，激發孩子的自信。

在 5 的例子，是表現出對孩子強大的信心，讓孩子可以擁有不輕易動搖的自信，去面對未來每次的挑戰。

反過來，如果這時候責備孩子，可能會這樣說：

1. 你真的是浪費錢，花那麼多錢給你補習，連這麼簡單的題目都不會！（自我認同）
2. 你連這麼簡單的題目都不會，數學怎麼可能學得好！（信念）
3. 你連這麼簡單的題目都不會，去補習也補不好，我看你不用補了。（能力）
4. 你連這麼簡單的題目都寫錯，是不是因為考試緊張？（情緒）
5. 你連這麼簡單的題目都寫錯，是不是因為中了題目的小陷阱？（環境）

在 1 的例子，讓孩子認為自己就是個浪費錢的人，無論怎麼補救都沒用。

在 2 的例子，傳達出不會簡單題目等於學不好數學的信念，讓孩子自覺自己數學不可能好。

在 3 的例子，容易讓孩子覺得自己的數學能力不足，所以簡單題目不會，去補習也沒用。

在 4 的例子，將焦點限縮到一時情緒的問題，暗示只要克服緊張情緒就會有好表現。

在 5 的例子，將問題歸結到外部，讓孩子覺得這樣的錯誤是有機會避免的。

我們可以發現，無論是正面還是負面，當說話的內容屬於愈高層次時，愈有影響力。

所以，當我們說正面話語時，用愈高層次，讓人聽得愈舒服。

譬如，當女生穿得很漂亮時，與其說你今天穿得很漂亮，不如說，你人真美！

但是，當我們說負面話語時，用愈高層次，反而讓人聽得愈傷心！

譬如：對別人說：「你就是一個○○○○的人！」這種負面的話最傷人，尤其是家人這麼說的時候。

我們往往會認為家人應該最了解彼此，所以日常生活中，會假設對方了解自己，也因此最難承受對方的誤解，尤其是當這樣的誤解是以「你就是一個○○○○的人！」這樣的話講出來的時候，我們往往無法承受，因為可能會覺得全盤被否定。

其實家人說出這種話，往往並非是刻意。

俗話說：「說者無意，聽者有心」，事實上，從屬等級不是

單一方的事情，而是雙方的事情。舉例來說，當我們講對方某方面能力不足時，對方可能勃然大怒，認為我們在詆毀他的人格，這是因為，我們雖然講的是能力層次，但對方卻把它當成自我認同的層次。

此外，從屬等級也是認錯之所以困難的原因：

當想到要承認某個行為是錯誤的時候，我們往往會把認錯提升到自我認同的層次，似乎承認某個行為錯誤，就等同於否定自己。

這時候，可以提醒自己降低層次，會讓自己比較好受、更容易接受自己的錯誤。

另一方面，可以練習在聽負面話語的時候，提醒自己把層次降低。譬如說，當聽到對方說：「你就是一個講不聽的人」，這時候你可以自動降級成：「只是這一次講不聽」，把自我認同降到行為層次。這樣可以大幅降低負面的情緒反應，以及爭執的可能性。

記得：無論我們多麼會說話，都無法要求別人怎麼聽，所以只能要求自己怎麼講和怎麼聽，將爭執的可能性最小化、和樂相處的可能性最大化！

五十歲的轉折點，
如何面對父母衰老和照顧的雙重壓力

　　五十歲時，我們常常無法將心思放在自己身上，幾乎全部都投入家庭和工作。有時候，甚至需要多分一些心思給父母，特別是當他們已經七十五歲、八十歲或者九十歲時，臥病在床等待照顧。在五十歲這個年齡，我們應該尋找照護資源，除了全心全意地照顧父母外，也要盡可能減少自己身心靈的負擔。當我們面臨著父母衰老的問題，除了學習如何照顧他們的需求，也要學習如何整合現有的照顧資源，這是我們面臨的首要課題。

　　通常，我們可以將照護資源分成「醫療」和「社會福利」兩個方面。醫療的重點當然是治療疾病，甚至挽救生命；社會福利是希望可以提升患者及家人的生活品質。然而，這兩方面都不是完全免費的，需要付出一定的代價。在醫療方面，像醫療保險在臺灣就有全民健保和一些私人保險。我們需要了解父母的醫療保險涵蓋的範圍，包括自費醫療，並與醫療團隊溝通，設定治療目標。醫療方面相對較專業，改變的可能性也許不太大，所以了解清楚並作出明確的決定是很重要的。

　　而社會福利方面則相對寬廣一些。每個國家有自己社會福利方案，而在臺灣，長期照顧服務從 1.0 版本到 2.0 版本不斷擴大照顧範圍，也將照護服務規劃得更完善。然而，很多人對社會照護資源不太熟悉。如果將其統稱為長期照顧，這個領域本身也有細分。長照服務初分四大類：**（一）照顧及專業服務、（二）交通接送服務、（三）輔具與居家無障礙環境改善服務、（四）喘息服務**。除了大眾熟悉的居家照顧屬於「照顧及專業服務」，居家醫療也屬於「照顧及專業服務」的專業服務。而容易被大家忽略卻又絕對重要的服務，我認為是「喘息服務」，這個服務對象

是照顧者或家人，不是患者本身，也凸顯出長照精神是想要照顧好一個家庭，維持大家能參與社會的能力。

居家服務主要提供非醫療部分的幫助，可以按照小時、半小時、半天或一天的時段來付費幫忙，例如洗澡、購物和煮飯等。居家醫療則是將醫療院所的功能移至家中，包括醫師、藥師、物理和職能治療師、護理師、心理師等，照管專員與家屬溝通及評估失能患者後，以幫助患者賦能及整合醫療為目標，安排專業醫療人士到府服務。

對於需要長期照顧支援的人來說，首先可以向所在地的長期照顧管理中心（簡稱照管中心）諮詢或電詢 1966 專線，讓長照專員針對長者身心情況與家庭狀況作了解，專員在了解失能患者及家屬的需求後，會依照失能的程度規劃相對應的長照服務，不同的服務內容相當於不同的服務費用，政府負擔大部分金額，患者家庭則依經濟情況有不同的部分負擔，就如同健保看診的部分，只是較為複雜一些。

總結來說，當病患或家屬需要長期照顧的支援時，可以先找當地的照管中心諮詢，這是一個政府的機構，負責協調各方資源。照管中心也會與醫院的出院系統相互銜接，在病患出院之前，長照專員也能協同醫院人員一起進行評估病患失能情況，安排出院後的協助。

照管中心的專員會根據評估結果了解是否需要長期照顧的介入。因此，在需要長期照顧支援的時候，可以先與長照中心和醫療團隊溝通，根據個人需求作出選擇。再次提醒這些服務都是針對符合長照 2.0 失能條件的患者，而且政府依照患者經濟情況補助不同金額的費用，所以會有部分負擔的費用。如果不符合補助對象，照管中心也會介紹私人機構提供自費服務。

• 面對父母老化：了解老年症候群與常遇到的問題

當你五十歲的時候要照顧父母，會碰到一些棘手的問題，我們一般叫它「老年症候群」，現在就來聊聊像是衰弱、瞻妄、失智症，還有褥瘡這些事。

首先說到衰弱，大家的刻板印象可能都不太一樣。科學家們會想要給它一個統一的標準，但其實每個版本的描述都不同。常見的狀況可能是突然瘦很多、走得慢、做事不如以前，以及容易忘事。當發現這些，我們該怎麼做呢？不只是老人家自己要想辦法，照顧他們的人也得頭痛。如果情況繼續惡化，老人家會很受壓，照顧的人也一樣。所以我們除了照顧他們，還得找方法讓大家都輕鬆點。

我建議讓老人家多參與社區活動，這樣他們會更開心。比如，他們可以選擇在鄉下過日子，種種菜、賣賣菜，或者像英國女王或王永慶那樣，繼續工作。此外，還得確保他們的健康。這聽起來容易，但實際上很辛苦。所以，要確保我們的方法是對的，最好去問問醫生關於自己的健康狀態。

再來說「瞻妄」，有些人可能不太懂。瞻妄就是腦袋突然不太對勁，可能會出現容易分心、看到不真實的東西、情緒起伏大、晚上不能睡或白天睡覺等症狀。這會讓旁邊的人覺得很困惑。當老人家身體或心靈不穩定時，他們很容易出現這樣的狀況。例如，生病住院時，有些老人家會突然出現幻覺，我們叫它「ICU 症候群」，而且這個狀況很難預防。

瞻妄有機會過一陣子就好，但也有可能持續好幾個月到數年。在這段期間，我們只能好好照顧他們，並防止其他問題讓瞻妄更嚴重，所以至少要有短期和中期的照護計畫。

當我們說「失智症合併精神行為症狀」，其實是說在確定某人有失智症的情況下。失智症不只是記憶變差，還會有其他心理和行為上的問題，像是誤以為有人要害他，看到或聽到不存在的事物。例如，有些老人家會找不到錢，就以為有人偷了；或是覺得某些人要害他，特別是跟他最親近的照顧者。這樣容易造成家裡的誤會和增加照顧的難度。

他們還有其他情緒不穩的行為，可能會突然變得情緒化、吵鬧，或是想要回家，但可能已經在家裡或是在子女家、安養中心。一旦他們離開，可能就會迷路。這種情況確實讓家人負擔加重。所以，在做照護計畫時，要特別考慮這些情況，適當分配人手。如果覺得照顧很累，一定要告訴醫療團隊，以尋求幫助和溝通。

照顧老人時，不只是為了老人，也要顧及家人。有時我們會考慮給老人吃一些藥，幫他們穩定情緒，但可能會讓他們活動能力下降。這種決策也是為了減少照顧者的壓力。當然，也可試試其他方法，像是陪伴他們，使他們分心、少用藥。

再來談談「褥瘡」，這問題未來應該要少見。褥瘡主要出現在常坐或臥的老人身上。但隨著時間過去，大家會更注重生活品質，不想一直坐或臥。但如果照顧不夠，這問題還是可能會更嚴重。壓瘡會讓老人生活品質下降，可能還會有傷口感染和疼痛。所以，我們要努力改善和預防。當然，要提早發現和處理。平時也要注意老人容易有壓瘡的地方，不要等問題變大才解決。

照顧老人真的很需要人手，雖然我們常依賴家人，但其實請專家來幫忙也是好選擇。但這得看財務狀況，如果有錢，可以考慮請人來幫忙照顧，這樣自己也可以休息。但對於收入不高的家庭來說，就可能負擔不起。這時，國家的照顧政策就很重要了，

可以幫助那些真的很需要但負擔不起的家庭。

　　所以照顧年長者絕對不是一件簡單的任務，在長者與家人之間，一定要有良好的溝通協調，並且適度與專家們討論照顧方案，如醫護人員、長照單位等，成為長者可以安養，家人可以兼顧生活品質的雙贏局面。

• 認識老年症候群

　　隨著年齡增長，五十歲以上的人在照顧父母時可能會遇到所謂的「老年症候群」。其中包含衰弱、瞻望、失智症的身心症狀及褥瘡等問題。

1. **衰弱的討論**
   - 衰弱的表現可以是體重減輕、走路緩慢、活動能力和認知功能下降等。
   - 這會增加照顧者的負擔，甚至可能威脅整體照護體系的穩定。
   - 建議長者參與社會活動，並與醫療專家探討可能的衛生問題。

2. **瞻妄的狀況**
   - 瞻妄是急性腦功能受損的表現，包括注意力分散、幻覺、妄想等症狀。
   - 通常伴隨身體不穩定的狀態發生，例如手術後或電解質失衡。
   - 需要制定短期和中期的照護計畫來應對瞻妄。

3. **失智症合併精神行為症狀**
   - 失智症患者可能會經歷記憶衰退、迫害妄想、幻覺等問題。
   - 這些問題會增加家庭的照護負擔，可能需要醫療干預。
   - 重視照護者和長者的需求，並尋求減少藥物使用的方法。

4. **褥瘡問題**
   - 褥瘡主要在長期臥床或坐輪椅的失能長者中出現。
   - 常見的位置有尾椎、大腿外側、腳跟、坐骨及頭枕部。
   - 預防和及早治療是關鍵，以避免病情惡化。
   - 考慮到照護成本和財政能力，家庭可能需要尋求外部協助。

需要更多長照資訊，請掃下方 QR 碼。

照顧者背後的無聲壓力：孫女士的故事

　　孫女士，六十三歲，曾是學校裡受學生喜愛的英文老師。她的課堂上，充滿了歡笑和知識。但五年前，生活對她下了一道難題：她被診斷出腦瘤。經過化療後，她的健康狀況雖有所好轉，但另一場打擊再次來到。她的丈夫在兩年前因中風全身癱瘓，雖

意識清醒，但需要靠鼻胃管、氣切和尿管等來維持生命。

孫女士家中雖然有請了外傭，但照顧癱瘓的丈夫絕不是一件簡單的事。尤其當她們的兩個女兒都在遠方的北部工作，且都已結婚，家中的照顧重擔幾乎全落在孫女士一人身上。女兒們雖偶爾回家，但看到父親的狀況不佳時，她們經常指責孫女士沒有盯緊外傭，這使她感到更加沉重的壓力。她不敢反駁，因為她理解女兒們也有自己的家庭和壓力。

因為她先生這個事件，她整個人生完全改變。

去年十二月的某天，當我前去孫女士家中幫忙調整醫療設備時，我決定停留片刻，與她好好聊聊。我關心她的情緒和身體狀況，畢竟，如果她身體有什麼意外，家中誰來照顧她的丈夫呢？

我曾經私底下跟她女兒說：「除了你爸爸，你們最應該多陪伴多關心的人，其實是你媽媽，媽媽是很需要你們，多回來分擔她的照顧責任，而不是多回來給她照顧壓力。」女兒們因為沒有人跟她們講過這種話，她們一直以為她們做的是對的。

但是我跟她們說：「我覺得媽媽更需要你們的關心跟支持，她生怕她哪裡做不好，媽媽有很嚴重的睡眠障礙，你們知道嗎？」兩個女兒說不知道。我說：「你媽媽有在吃抗憂鬱症的藥物，你們知道嗎？」她們也不知道。

「我真的很擔心類似孫女士的照顧者會不會有一些想不開，或者是鑽牛角尖、情緒失控的情形發生。」當我這樣說時，女兒們這時才驚覺事態的嚴重。

類似這樣的案例頻繁上演，這反映出了許多家庭中真實的狀況。希望這案例能讓我們明白，除了病人，照顧者的心情與狀態也是需要被照顧到，無論在多麼困難的時刻，家人的支持與理解

都是最為重要的。

工作、健康與家庭的平衡之道：
財務規劃師對「照顧離職」的建議

• 照顧家人、工作發展與經濟自由之思考

當我們談到五十歲的時候，不少人都會面臨這樣的情境：家中的長輩可能因為生病或其他原因，需要我們的照顧。於是，我們便面臨了一個抉擇，是要放棄工作，全心全意去照顧他們呢？還是讓另一半來照顧？許多人可能會想：「既然請外籍看護和其他支出，每個月要花三萬，我不如自己來照顧，這樣不是可以省下這筆錢嗎？」

很多人不知道「財務規劃」本質上是「整體的人生規劃」，所以財務規劃的範圍不只是投資理財而已，還包含「婚姻規劃」、「職涯規劃」、「糾紛處理」等等。婚姻規劃包含定期召開家庭會議、撰寫婚姻協議、子女傳承教育；職涯規劃包含加薪、升遷、跳槽、創業的計畫與布局；糾紛處理包含車禍、離婚、分家產、寫遺囑等調解與處理，這些都是全方位的財務策劃師才能完整提供相關的服務與處理，所以看似家人醫療照護的問題，實質上也是財務與預算的問題，而離職照顧家人就會衍生出長期收入短少與人生計畫被打亂的嚴重後遺症。

因此，強烈建議大家，不要輕易放棄工作去照顧長輩。首先，我們雖然心裡充滿愛，但真的不如專業的看護來得有經驗。其次，真正的「成本」不僅僅是錢。你可能會失去升遷和工作上的機會，那些看不見的機會成本是巨大的。

再者，照顧長輩是一項花費大量心力與體力的工作，非常容易讓人身心俱疲。即使你覺得付出很多，家裡的其他成員可能還會嫌你不夠。有句臺語諺語形容得很貼切：做到流汗，嫌到流涎。意思就是你付出再多，還是會被人家嫌。

在此分享一個真實的故事：有些長輩覺得自己不算嚴重，不應該花那麼多錢請人照顧。所以有一位大老闆中風後，希望由他五十歲的兒子照顧。他的妹妹也認為，兒子應該孝順照顧爸爸，不應該反抗爸爸的意思。但在這樣白天要操辦公司事業，晚上兼顧照顧爸爸的重壓下，兒子在五十歲生日那天不幸中風過世。

這真的讓人非常心疼。事實上，照顧他人很容易使自己的健康狀況下滑，巨大的身心壓力容易使內分泌失調，可能三高都比別人來得高。

最後的結局也很讓人唏噓。當兒子去世後，轉由妹妹照顧父親，結果受不了照顧父親的壓力與辛苦，她馬上請了看護，死都不要自己照顧了。所以，在照顧長輩的問題上，真的要三思。不只是為了他們，也是為了自己和家庭。

• 照顧長輩遠不只金錢的考量

照顧人不是只有當他們很嚴重時才需要看護，即使只是行動不便，也需要家人全天候陪伴。這不僅是體力上的工作，也是心理上的壓力。而且，不只是照顧者累，被照顧的人有時也會有不滿，甚至其他家人也會批評照顧方式，讓三方都陷入矛盾。

但如果有請看護，你就有了一道防護。問題出現，你可以說那是看護的事。至少，體力上的負擔少了。你還可以有自己的時間，不然真的是二十四小時都在照顧，太累了。

像很多媽媽選擇去工作而不是全職當媽，也是為了有自己的時間，避免全天候面對小孩。上班時間至少她們可以稍微放鬆，不必擔心家裡的事。

我真的不建議放棄工作來全職照顧家人，因為那樣你就失去了經濟來源。雖然現在很多家庭都是雙薪，但如果少了一份薪水，壓力還是很大。不如去工作，用工資來付看護的費用。

如果真的覺得請看護貴，還可以找政府的補助，減輕經濟壓力。但很多人不了解這些資源，也不知道去申請。其實，照顧者也要照顧自己，不只是身心健康，還有可支配金錢使用的自由。常常有很多人離職在家照顧長輩，結果身邊一點可支配使用的錢都沒有，想花錢買什麼都要別人同意，非常可憐，但是只要有工作就會讓自己身邊至少會有一些錢，有錢才會有選擇和自由。

你想想，就算工資支付看護費後結餘不多，但是對自己而言，每個月多出一些錢在身邊，一年下來也是一筆不小的金額可以支配運用。

所以，真的要好好規劃自己的職業生涯，不管年紀大小。畢竟，你的工作和薪水，都關乎到你和家人的未來。不要等事情發生，才後悔沒有作好規劃。

• 重新評估五十歲的生活選擇與未來規劃

許多人都希望工作平平穩穩，很滿足每月有薪水進帳。但突然有不預期的支出時，像照顧長輩或小孩要出國學習，或者發生意外需要賠償，那些薪水可能就不夠用。所以，必須時時考慮如何提升自己、升職或加薪。如果當前的公司沒有這機會，那麼可

能要考慮換工作。當然不是隨便換，要找到真的適合且有發展的公司。

年紀越大，轉職就越困難。如果五十多歲想轉職，直接投履歷的成功率很低。多數的中年轉職是透過熟人推薦或獵人頭幫忙。如果你開公司要聘人，當然會比較想請年輕的，因為他們更有活力，更有上進心。那麼，如果你已經到了中年，要如何顯示自己的價值，讓公司還想留住你或其他公司想請你呢？

首先，你得了解自己所在的行業，知道哪些公司是最好的，不只是專注在自己的工作上。但許多中高齡的人，他們的視野很狹窄，人際關係也不廣泛。所以，如果想持續發展，就得從現在開始打好基礎。

其次，現在的觀念是「學到老才能做到老，也才能活到老」，因為只有這樣才能確保你一直有工作。當你顯示出你的價值，企業自然會想請你。像有些人，即使六、七十歲還有企業願意請他們當顧問。

再者，工作不僅僅是為了賺錢。當你年紀大了，工作更多的是展現自己的價值。而且，有工作的人身心狀態往往比較好。這意味著，如果可以持續工作，你的生活質量和健康狀態都會較好，達到工作、健康與家庭的平衡。

想了解更完整的職涯規劃分析與建議，讓自己有能力照顧家人照顧自己，請登入網址：https://suyufong.com.tw，或是掃描下方 QR 碼。

5 / years old

51 歲
人生新起點，
探索更年期的奇妙旅程！
― 醫療、心理

　　晨光透過白色的窗簾，打在臥室的地板上，每一道陽光都彷彿在嘲笑着李秀英的無奈。枕頭旁邊，她的先生睡得正沈，聽不見夜裡妻子的啜泣。

　　李秀英，五十一歲的女性，面對著生活中最大的難關。女兒已經大學畢業，出國工作，兒子也即將結婚。家中的房間越來越空，心中的孤寂也越來越重。而隨著年齡增長，李太太也發現自己的體質發生了不少的變化，時常情緒波動，且在某些時刻無法自控。

　　她看著牆上的結婚照，淚水滑落。那個笑得如此燦爛的女孩是自己嗎？她曾是那麼年輕、那麼充滿活力。如今，面對著婚姻中的不滿，她常常選擇沉默，藏著那些怒火，不敢發洩。

　　但這一次，更年期讓她再也忍受不住。空巢期帶來的孤寂感，與丈夫日漸疏遠的情感，更年期讓她的情緒更加地不穩定，這一切，終於讓她決定要讓那些隱藏多年的怒火爆發出來。

　　在一次和李先生的爭吵後，李太太鎖上門，坐在空蕩蕩的客廳中，淚水不斷地流下。她的眼神中，彷彿能看見那些年輕時的夢想，而如今，她真的準備面對自己的情緒，尋找那失落已久的自己。

更年期：一段無法忽視的挑戰與轉變

五十一歲的更年期對於醫學來說，其實能夠做的事情並不多。有時候，醫生會懷疑一個人的症狀是否和更年期有關，但如果醫生說你的問題是自律神經失調，那表示他們可能認為無法做太多幫助。雖然醫學界仍在努力研究自律神經失調，但目前能夠做的事情相對有限。因此，我常將自律神經失調視為一個結未解的問題，就像一團結糾結在一起的線頭，很難解開。

當神經問題不明顯時，且血液檢查結果符合年齡特徵，人們就會考慮是否和荷爾蒙有關。女性在這方面比較不幸，通常在四十歲後（不一定要到五十歲）就會遇到更年期這個議題。荷爾蒙水平逐漸下降，這常常與月經是否正常有關聯，但實際上即使有月經，若週期不規律或有變化，可能是更年期的先兆。

男性也有更年期，只是他們通常比較晚意識到。只要還能生育，可能還沒有進入更年期，或者說更年期的症狀比較晚出現，最常見的症狀就是晚上尿尿頻率增加，僅此而已。

當然，更年期還有其他症狀，但起初的症狀通常就只有這些。女性常見的症狀包括潮熱、睡眠變化和情緒不穩定，這些都可能給女性帶來很大的困擾。此時，孩子們可能正在準備進入高中，慢慢也要準備上大學，這就是我們所說的「空巢期」。專職家庭主婦可能面臨著荷爾蒙變化和生活巨變，情緒上一定會受到影響。

因此，醫生在臨床上可能覺得不能將更年期的問題看得太重要。為什麼呢？因為好像只要解決了更年期的問題，生活就能恢復秩序。但事實上，這不是個人能夠解決的問題，它甚至需要家

人和朋友的幫助，當然還包括個人的努力。因此，適度地討論是否需要補充荷爾蒙是值得考慮的，有時效果確實不錯，但並非每個人都適用。

現在全世界有一部分醫生專注於研究所謂的「同時性荷爾蒙治療」。醫學是多種派別，師父教出的學生可能有不同的發展方向。因此，有些醫生對於荷爾蒙治療比較謹慎，而有些則抱有試一試的態度。相對地，一些更年期的婦女也願意去了解荷爾蒙治療，就像以前大豆異黃酮一樣，甚至詢問是否應該補充荷爾蒙。但是也有人對荷爾蒙持謹慎態度，擔心可能增加乳癌或其他癌症的風險。

我認為應該以開放的態度來看待這個問題，因為隨著年齡的增長，如果更年期的困擾持續太久，有些人可能需要經過四、五年的煎熬才能度過，但確實也有一部分人無法忍受如此長久的困擾。如果不解決這個問題，假如他們活到九十歲，那後面的日子反而會變得困難重重。

更年期大概持續五年左右，一般來說只要經過五年，最多十年，身體理論上就能夠適應這個階段的變化。但也有一些人，他們在婦產科那邊長期使用荷爾蒙，覺得一旦停藥就無法忍受，這當然是少數例外。不過，大部分人如果沒有處理好更年期的情況，以及相應的空巢期的環境或動力沒有改變，他們一定會陷入一定程度的憂鬱情緒，這當然會對他們的社交功能產生影響。

根據我們對老年醫學的理解，簡單來說就是：如果七十五歲的人沒有疾病，那還能算是老人嗎？就像我們常說的，軍人最引以為傲的不僅是他們的徽章，還有他們身上的傷痕；脫掉衣服就能看到這些傷痕，這是他們引以為榮的標誌。同樣地，根據現在的理論，大概沒有人在七十五歲以後是沒有病的。

老實說，我們只需要認識到這個事實，所以除了要妥善處理疾病之外，我們最在乎的，也是每個人最在乎的就是：他能否融入社會，或者他可能被社會遺棄。如果他還能去買菜、參加活動……。

回到更年期這個話題，事實上，五十歲的女人仍然能夠做很多事情，只是要清楚地認識到：更年期之後可能會對後續產生影響，比如家庭爭吵之類的問題，或者是自己的身體狀況，自己無法接受，從而引發與後續人際關係相關的問題。所以，如果在五十歲的時候沒有度過安全關口，後面的日子只會更加辛苦。

• 認識更年期

更年期是一個女性在人生的某個階段會遇到的自然現象，主要是因為體內的一種稱為「荷爾蒙」的物質開始減少。這些荷爾蒙在女性的身體中扮演很重要的角色，當它們減少時，會引起一些身體和情緒上的改變。

相關症狀包括：
1. **潮熱**：突然感覺全身發熱，尤其是頸部和臉上。
2. **情緒波動**：有時會感到焦慮、憂鬱或煩躁。
3. **睡眠問題**：可能會有入睡困難或經常在夜間醒來。
4. **其他症狀**：比如頭痛、夜汗、心悸等。

常見治療方式：
1. **荷爾蒙替代療法（HRT）**：透過藥物補充體內減少的荷爾蒙。
2. **生活方式調整**：如規律運動、均衡飲食和充足睡眠，這些都可以幫助緩解更年期的症狀。

3. **非藥物治療**：例如瑜伽、冥想、按摩和針灸等，這些都有助於減輕症狀。

4. **心理輔導**：尋求心理師或顧問的幫助，學習如何管理和應對情緒波動。

當然，每位女性的身體和狀況都是獨特的，所以最好的治療方式可能因人而異。最重要的是，當感覺有症狀時，應該及時尋求醫生或專家的建議和幫助。

更年期的邀請：從加法人生到減法人生

當我們到達更年期時，身體會給我們一個警訊，提醒我們生命的節奏正在改變。這不僅是一個生理的提醒，也是一個心靈的轉折。在這段旅程中，身心的互動會浮現在我們的日常生活中，告訴我們內外在的變化。

身心彼此之間的影響可以如何形容呢？借用巴菲特的名言來說：「海水退潮，就知道誰沒穿褲子游泳。」當更年期的生理變化占用了身體大部分的資源來應對時，過去能夠忍受的心理問題很容易因為壓不住而爆發出來。

這些心理問題可能存在婚姻關係中，長期以來忍受不順暢的夫妻溝通；或是多年來照顧孩子的人，突然發現孩子已經長大而不再依賴、離開家了；也可能是本來享受獨自自由生活的人，忽然感到脆弱，希望有人陪伴；或者是對健康或財務的危機感等等。

隨著每個人的生活處境不同，更年期似乎引發了各種各樣的心理問題，讓人措手不及，而睡眠不好或容易發胖則是可以在人

際關係中相對安全地得到共鳴和情緒宣洩的話題。雖然在醫學上看起來，女性似乎更受更年期困擾，其實男性在生理上的變化看似不大，心理也一樣受到賀爾蒙震盪，長年的心理困擾一樣會凸顯、甚至到難以忍受的地步。

曾經有個攤販老闆向我訴苦。他說妻子已經和他分房睡了，這樣的婚姻還有什麼意義呢？他希望能改善這種互動關係。過去，他們忙於工作，分工明確，談論的都是家務和孩子的事情，長久以來他們都不知道如何找回兩個人之間的親密關係，他感到很痛苦，也不知道該如何改善。

還有一位太太在更年期時突然陷入悲傷之中，她覺得自己一生都在為別人奉獻，為家庭、為工作，把自己的身體搞壞了，到底得到了什麼？每個人都已習慣她的犧牲，而她卻必須獨自承受犧牲後所帶來的代價，她的婚姻變得越來越不被丈夫珍惜，她無法表達自己的痛苦，只能默默地服用抗憂鬱藥。

另有一位企業主突然感到對子女產生了極大的不滿，到了這個年紀，他們的工作還這麼不可靠！他經常莫名其妙地對子女發脾氣，對他們做的任何事情都不滿意。

在經歷了生命中各種追求之後，一些需求似乎被一直往後拖延，人生上半場，就好像有個時間的野獸在追趕著我們，不允許我們停下來審視自己。我們一路追趕著什麼，有時甚至忘了自己真正的目標。

如果青春期是待放的花朵，那麼更年期就是即將枯萎的花期。失落總是讓人感傷，下意識地想要扳回一城，利用各種保養品、保健品，試圖抓住青春的尾巴。此時，何不順著自然的軌跡，把外在的注意力拉回內在更有價值的生命。

如果把更年期視為生命的禮物，透過更年期幫助我們重新檢視自己，找出什麼是真正重要的、什麼是需要花心思去安頓和維護的。就像是一個人生上半場的檢查報告，提醒我們下半場要如何在不同的生命領域中得到滿足和平衡。

過去，我們熟悉的生命軌跡是逐漸成長、逐漸成熟，越來越有能力；從加法人生到減法人生，更年期就像是一個邀請，邀請我們開始尋找真實的旅程，找出對自己的生命來說，什麼是最重要的？如果是親密關係，那麼我們所做的能否建立我們期望的關係嗎？如果是自我價值，那麼我接納、肯定自我嗎？如果是傳承，我們的接棒人在哪裡？

刪除那些不是那麼重要和不必要的人與事，生活中其實有著無數的可能性。

攤販老闆不再透過工作逃避面對和太太分房的問題，他選擇花更多時間重新找回兩人相處的溫暖；更年期的太太學會了獨自好好用餐，去感受自己內心的需求，勇敢地表達出來，而不是繼續默默地付出；企業主回想起自己年輕時的迷茫，他更有耐心地陪伴後輩，學會信任和放手。

52 years ol

52 歲
當慢性病敲門，
該如何面對與克服？
─ 醫療、營養、養生

在一座忙碌的城市中，鄭先生正跨入他人生的第五十二個年頭。鄭先生一直認為他的生活是標準化的，即一杯每天必喝的黑咖啡、每週三次的慢跑，還有他鐘愛的週末吉他時光。但隨著歲月的流逝，他發現，每一次的曼哈頓雞尾酒後，他都需要更多時間來消化；每一次的慢跑，他的膝蓋都會發出微妙的不悅之聲。

一天，當他站在浴室的鏡子前，他驚訝地發現自己的臉龐變得浮腫，眼下的黑眼圈更加明顯。這樣的變化，和他內心的不安，使他決定去醫院進行一次全面的健康檢查。

結果如他所懼，醫生告訴他，他的驗血報告出現了很多紅字，血糖、血脂超過標準非常多。

看到報告的當下，他非常震驚，於是開始深入探索自己的生活方式、飲食習慣，甚至回顧自己的過去決策。他開始意識到，有許多過去忽略的選擇，如今正以另一種方式影響他⋯⋯。

中年不是生病的代名詞！
掌握健康檢查的關鍵，預防慢性病風險

當年紀漸長，大約到了五十二歲左右，我們可能會發現身體出現越來越多的毛病，例如糖尿病、高血壓、高血脂等傳統的慢性疾病。這時，我們會開始考慮要吃更多的藥物來控制這些問題。當然，我們應該非常關心這些健康問題，尤其是在照顧父母的過程中，發現他們所面臨的健康問題，這促使我們思考為什麼他們會變得如此狀況不佳呢？

起初，可能會認為年紀大了就是這樣子的，老年人就是容易生病。然而，事實上，老年人其實可以一直健康地工作到老，只是看起來比較困難而已。

雖然我們已經活得比上個世紀的人們長壽，可是在二十一世紀初期我們也曾經歷許多長者久病臥床，不捨他們獨自面對了無生趣的樣子。即使現今可以仗著醫學進步，明確拒絕經歷前人痛苦的老路，但想要有把握樂齡終老，就必須好好照顧自己的慢性病，避免身體提早退化。在五十多歲時，慢性病往往會大量爆發。因此，定期進行健康檢查非常重要。

特別是對於臺灣的民眾來說，四十歲之後國家提供了免費的成人健康檢查。雖然有些人認為這項檢查的項目不多，但它涵蓋了一些最重要的指標。從這個檢查中，可以注意到是否存在慢性病的風險，或者已經需要藥物幫助控制的疾病程度。

其中，代謝症候群是一個非常重要的議題。代謝症候群是一種由多個因素所組成的疾病群，包括腹部肥胖、高血壓、高血糖、高三酸甘油酯，以及高密度脂蛋白膽固醇過低。只要符合其

中三項以上的標準，就可以被診斷為代謝症候群。代謝症候群是一個重要的預警信號，未來可能會導致高血壓、糖尿病、中風和心臟病等嚴重疾病。所以，當發現自己有代謝症候群時，更應該努力改變生活方式，因為在這個時期是有可能逆轉疾病的。

• 代謝症候群的特點和治療方式

由於代謝症候群是一組代謝失調的體徵和症狀，當這些體徵和症狀同時出現時，會增加患者罹患心血管疾病和糖尿病的風險。以下是這個症候群的特點：

1. **腰圍增大**：亞洲男性大於 90 公分，女性大於 80 公分。
2. **高血糖**：空腹血糖超過 100mg/dL。
3. **高血壓**：血壓值大於或等於 130/85mmHg 或正在使用降血壓藥物。
4. **高三酸甘油酯（TG）**：空腹時三酸甘油酯大於或等於 150mg/dL。
5. **高密度膽固醇（HDL）降低**：男性小於 40mg/dL，女性小於 50mg/dL。

當中，若有三項以上條件符合，就會被診斷為代謝症候群。

關於它的治療方式有：

1. **生活方式的改變**：增加身體活動，減少體重，並改變飲食習慣。
2. **藥物治療**：可能需要使用藥物治療高血糖、高血壓和血脂異常。
3. **控制其他危險因素**：例如戒菸。

在正確飲食上，建議如下：

1. **減少反式脂肪的攝取**：例如避免加工食品、人工反式脂肪多的油品，如：氫化植物油、植物性乳瑪琳、人造奶油、植物性乳化油等。
2. **增加全穀類的攝取**：如糙米、燕麥、全麥麵包等。
3. **攝取足夠的蔬菜和水果**：尤其是深色的蔬菜和水果，因為它們含有豐富的維生素和礦物質。
4. **選擇優質的蛋白質來源**：例如魚類、豆製品、低脂乳製品等。
5. **避免高鈉的加工食品**。
6. **減少過多精製碳水化合物的攝取**：如糖、糖分飲料、糖果等。
7. **限制酒精的攝取**。

透過正確的飲食和生活方式改變，代謝症候群的風險可以有效地降低。患者應該定期與醫生討論其健康狀況，並根據醫生的建議調整治療策略。

除此之外，目前常見的慢性病包括高血壓、糖尿病、高血脂，還有由空氣污染導致的肺部慢性疾病。這些疾病對我們的健康造成了威脅，所以一定要和醫生討論最適合的治療和保養方式。治療這些疾病的方法有很多，可能包括藥物治療、飲食調整、適量運動等。此外，隨著空氣污染問題日益嚴重，肺部慢性疾病也越來越多見。因此，有必要更加重視呼吸系統的健康，並積極採取保護措施。

總之，無論是預防還是治療，定期進行健康檢查都是非常重要的。透過這樣的檢查，可以及早發現潛在的健康問題，並採取適當的措施加以控制。在面對慢性疾病時，與醫生保持良好的溝通和合作非常重要，以確保我們選擇最適合自己的治療方案。只有透過關注自己的健康，才能活得更加健康、充實和幸福。

健康重生，
該如何養生抗老及選擇適合的營養補充品？

• 三個問題，了解是否購買營養補充品

當我們談到「營養補充品」，不少人會列出一堆營養品，像是 B 群、益生菌、葉黃素、葡萄糖胺、鈣片、魚油等，可說是五花八門琳琅滿目。還有人對這類產品有著近乎狂熱的喜好，經常購買這些產品，甚至也給自己的孩子吃，每個月不惜血本也想得到健康。

有人會去問：「這些產品真的有效嗎？」「品牌 X 是不是比品牌 Y 好？」而更有人會很認真去問營養補充品的研究成果，是不是很多人推薦，與相關政府認證。

但購買營養補充品之前，卻忘了問一個最重要的問題：「我們真的需要它嗎？」

行銷資訊和業務員很擅長將營養補充品的好處傳達給消費者，但那是從他們的角度，他們的目的是銷售產品。可是作為消費者的我們，真正該問的是：我自己真的缺乏哪種營養素？我真的需要這個補充品嗎？

就像醫生會先診斷病情再開藥，我們在選擇營養補充品之前，應該先確定自己的需求。而不是被各種行銷策略所誘導，盲目地購買。

很可惜很多人願意花金錢在營養補充品，但不願意花時間好好了解自己的健康，與自己的醫生好好溝通。很多時候其實從食物就能補充到足夠營養，但我們卻買補充品浪費金錢。

這造就了一件健康領域蠻奇特的現象：越有用的養生越便宜，越貴的方式往往無效！

因此，當你下次再為選擇營養補充品而猶豫時，記得問自己三個問題：「我缺乏這營養素嗎？」「怎麼證明？」「我真的需要它嗎？」

• 隨意購買營養補充品，賠了金錢又折兵

你知道要吃營養補充品才健康的觀念是從什麼時候開始的嗎？

請記住 1977 年這個年份，這是影響營養領域蠻重要的一年。許多現代營養學的迷思都是從這裡開始。

因為從 1977 年起，「營養主義」開始盛行。這意味著人們將食物看作是由不同營養元素組成的，例如蛋白質、脂肪等。市場上的建議也都是關於如何計算卡路里，如何選擇代餐營養棒，或是怎樣吃健康加工食品，當然也包含開始有了補充維生素能促進健康等觀念。

但在這一切中，我們似乎忘記了食物的本質。我們的祖先吃的是真食物，而不是純粹追求某種營養。

而真正令人擔憂的是，許多早期推薦的營養補充品，其實並沒有經過足夠的醫學審查。有些甚至被誤導性地宣傳為「健康神器」，但後來研究卻證明它可能帶來健康風險。

讓我舉幾個曾被認為對健康有益，但後來有副作用的營養補充品：

1. *β*-胡蘿蔔素：早期研究認為 *β*-胡蘿蔔素可減少癌症的風險。然而，1990 年代的一項研究發現吸煙者補充 *β*-胡蘿蔔素實際上可能增加肺癌的風險。
2. **維生素 E**：雖然早期的研究認為它可能減少心臟疾病的風險，但後續的研究發現高劑量的維生素 E 補充可能增加中風和心臟疾病的風險。
3. **硒**：曾被認為可以預防某些癌症，但某些研究指出高劑量的硒補充可能增加其他類型癌症的風險。

這裡有一個重要的觀點需要明白：食物和營養補充品雖然都含有營養，但它們的效益和作用是不同的。食物是綜合的、全面的，它提供了我們所需的多種營養。而當我們僅僅依賴營養補充品時，可能會失去某些關鍵但卻是目前科學沒注意或發現的營養成分。

事實上，我們目前真正了解的營養素還太少，許多都是未知的領域。我們可以把食物分解成「營養藥丸」，但我們無法合成出「真正的食物」。

這是為什麼我最常強調，大家應該著重於吃真正的食物，這是真正的健康資產，而不是只注重它所包含的營養成分。更不用說隨意吃營養補充品，這對健康是減分，是健康負債，因為不只是賠了金錢，更可能危害健康。

• **到底哪些營養補充品是可以推薦的呢？**

在推薦之前，透過上面分享，你應該知道兩個重要前提：
1. **在考慮服用任何營養補充品之前，都應該先諮詢營養師、醫生和進行仔細的研究。**

2. **以食物本身來補充營養是最重要的方式，營養補充品只是輔助。**

了解這兩個前提之後，我再來分享大多數的人缺乏且可以補充的營養補充品。

• 補充 Omega-3 脂肪酸，抑制發炎與保護心血管

首先，我非常建議考慮補充 Omega-3 脂肪酸，可以獲取這個營養素的補充品包括魚油、亞麻仁油等。你或許會問：「為什麼特別推薦 Omega-3 脂肪酸呢？」答案和現代的飲食習慣與畜牧方式有關。

當我們回溯到傳統部落的時代，大部分的動物都是自由放養，吃草的。但到了現代，由於生產力的需求，這些經濟動物被圈養起來，圈養的動物主要以含有 Omega-6 脂肪酸較高的食物作為飼料，如玉米、大豆等，這導致它們儲存在體內的 Omega-6 脂肪酸大幅上升，而 Omega-3 脂肪酸則相對減少。我們吃了這些肉品後就會影響到人體內的脂肪酸比例，再加上居住在亞洲地區的我們常使用大豆油、葵花油這一類含有 Omega-6 脂肪酸較高的油品，更加使我們大量攝取 Omega-6 脂肪酸。

那這樣的變化為什麼重要呢？因為 Omega-6 與 Omega-3 脂肪酸的比例平衡對於人體是相當關鍵的。當 Omega-6 脂肪酸過多，它可能會引起人體的發炎反應。相反地，Omega-3 脂肪酸對於抑制發炎和保護心血管有益，但現代飲食中容易缺乏這種好油。

因此，為了平衡這兩種脂肪酸的比例，建議大家要特別注意

攝取 Omega-3 脂肪酸，當然如果能從食物攝取足夠的量的話最佳，每週至少攝取兩掌心大小的鮭魚、鯖魚、秋刀魚，若真無法達到，你可以接受動物性補充品的話，魚油是個很好的選擇；若你偏好植物性的，可以選擇藻油、亞麻仁油等。

Omega-3 脂肪酸不是指單一種脂肪酸，而是包含了很多種，像是 ALA、EPA 及 DHA 等，動物性跟植物性來源的 Omega-3 脂肪酸也會存在差異，魚油跟亞麻仁油內含有的種類就不同，同時都補充不會有太大衝突。而藻油補充品則與魚油較相似，選購時可以多注意脂肪酸的含量喔！

魚油跟藻油會做成軟膠囊的型態販售，亞麻仁油雖然也有做成軟膠囊，但建議挑選跟其他烹調用油相似的瓶裝油即可，在超市都能買得到，價格相對便宜，通常一瓶幾百塊，可以用好幾個月，直接淋在餐點上就可以吃，相當方便。而不管哪一種還是要慎重篩選真正品質好的，避免選到次級品反而傷身。

當然，如果你有能力購買草飼的肉品，這種更接近傳統放養方式的肉品會有較好的脂肪酸平衡。但我們知道不是每個人都有條件吃這種肉，所以營養補充品是一個方便且實惠的選擇。

最後，是否補充，還需要看個人的身體狀況。如果想確定自己是否真的缺乏，可以去醫院做檢查。但無論如何，補充 Omega-3 脂肪酸都是建立在科學依據上的建議，希望能幫助大家維護身體的健康。

• 另一個常被忽略的營養素：維他命 D

現代的生活節奏與習慣，常常使我們忽略了身體所需的基本

營養。除了剛剛提到的 Omega-3 脂肪酸之外，有另一種營養素，很多人可能沒有察覺自己缺乏，那就是維生素 D。

根據世界衛生組織和其他健康組織的資料，估計全球約有十億人維生素 D 不足或缺乏。

那麼，維他命 D 到底如何取得呢？其實非常簡單：曬太陽。當陽光照射在我們的皮膚上，身體自然就能製造維生素 D。這也意味著，你不必一定要購買補充品，只要適時地曬曬太陽即可。

可是在臺灣，雖然地理位置接近赤道且日照時間相對充足，但許多研究發現臺灣居民維生素 D 缺乏和不足的情形依然很普遍，其中包括下列幾個原因：
1. 高度的都市化和室內工作導致陽光曝露時間減少。
2. 皮膚防曬的文化，導致當地居民避免直接日光曝露。
3. 膳食習慣可能不包括高維生素 D 食物。

我自己就常因為工作忙碌使得外出曬太陽的機會變少，也就是上述的第一個原因。從歷史的角度來看，過去人們因為生活方式會長時間在戶外工作，自然而然地獲得了充足的維生素 D。而在太陽較少的地區，如北歐，他們會特別珍惜曬太陽的時光。這些都是天然、不經意地對身體做的最佳照顧。

亞洲文化也有「一白遮三醜」的諺語，市面上各種主打美白的產品，還有擔心皮膚癌發生的恐懼，也減少了曬太陽的機會。另外，我也發現對光線、紫外線過敏的族群而言，他們不得不做好防曬工作，因而失去這個獲取維生素 D 的天然管道。

為了避免缺乏危機，我自己對於維生素 D 有多元化的補充策略。對於無法從曬太陽取得的取代方法，可以從飲食下功夫，我會定期攝取維生素 D 豐富來源的食物，像是野生鮭魚、肝臟、

蛋黃、奶油、乾香菇等，如果以上方法較難達成時，我就會購買維生素 D 口腔滴劑作為一種選擇。

這邊特別要提到，現代人常常對食用內臟有所疑慮而趨之若鶩，有人是懼怕內臟中的膽固醇，會擔心其實也不意外，因為盡量避開膽固醇的觀念已經深植人們心中，不過事實上，維生素 D 就是由膽固醇轉化而來的，膽固醇還有很多功能，對於在人體生理機能中扮演重要的角色，所以不要再污名化膽固醇了。有人則是擔心內臟可能會累積重金屬毒素，這個部分就需要特別注意了，如果你選擇食用內臟，一定要確認其飼養方式和品質，包含產地、檢驗報告等，我偶爾也會選購鱈魚肝罐頭，你可以在超市找到這種罐頭。當然你也可以選擇其他食物作為補充途徑，例如品質好的奶油、蛋黃等。

過去我們常因被某些觀念誤導，而失去自然及食物與身體的互動關係。所以，希望大家能夠回到最基本，真正了解並滿足自己身體的需求。如果想更多了解飲食養生內容，在〈100 歲〉篇章中，會有更多的分享。

腰酸背痛該怎麼辦？

我們今天要淺談一個話題：為什麼我們會感到腰酸背痛？

雖然成因很多，但你會發現排除骨刺與椎間盤突出等明顯問題後，醫生常常只是說老化或運動傷害，最後就是開給你肌肉放鬆或止痛消炎藥吃。

而這些查不出原因的疼痛，常常是因為姿勢不良與肌肉過度緊繃造成的，更容易讓人忽略的是當你感覺腰部疼痛，可能並不

是真正的問題所在。

我們可以透過一個形象的比喻來說明上述問題。請想像我們的身體肌肉如圖就像一條被擰緊的毛巾。

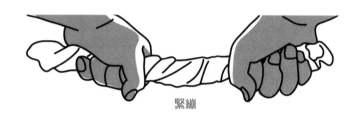

緊繃

當你用手擰緊毛巾時，最緊的地方是中間，但實際造成中間緊繃的原因則是左右兩側的雙手。（如上圖所示）

此時的你不會試著用力拉扯那條扭曲緊繃的毛巾，想辦法把中間緊的地方用鬆，而是會輕輕鬆開你的雙手，讓它自然地恢復原狀。

人體有趣的現象在於出問題的地方，往往你不會有感覺。就像你久跪之後兩腳是沒有感覺，但當你站起來，才會發現兩腳麻木酸麻。

「疼痛真正的問題常常並不是在那些顯而易見的、最緊繃的地方，而是在其他地方。」

不幸的是，當這個問題回到人體的情況下，我們就會做相反錯誤的事情。

在腰酸背痛的情形下，我們會不斷嘗試用各種方法，如拉脊椎、做困難瑜伽體位、核心肌肉訓練，想辦法把中間「緊」與

「疼痛」的腰部用鬆或加強肌肉，而不是去放鬆引起緊繃的根源。

如果你理解毛巾的比喻，你就可以了解在中醫針灸中為什麼使用「膝蓋後面」的「委中穴」來治療腰痛，這看似不合理的治療方式，蘊含了對人體深刻理解的傳統智慧。

• 擁有正確骨架與體態，最大程度減少疼痛與傷害

如何真正地解決腰酸疼痛的根源呢？答案是放鬆並且改正我們的身體姿勢，讓骨架保持正確，進而維持正確的肌肉排列與自然的體態。例如，我們應該注意坐姿、行走姿態，確保肌肉能夠在正確的骨架與體態下運作，這樣可以最大程度避免肌肉緊繃與沾黏。

讓我們想想，除了受傷，你有看到小孩或動物有腰酸疼痛的問題嗎？我想很少聽到吧！換句話說，只要明瞭其中差異，就可以理解如何避免疼痛。

如果有機會接觸小朋友或小動物，可以握住一下他們的手腳，你會發現不會像大人一樣有摸到肌肉的感覺，取而代之像是直接摸到骨頭。跟現在強調健身與練核心肌群觀念剛好相反，自然體態反而不存在特意訓練的肌肉，他們的肌肉與體態都是放鬆、完整且正確的排列。

而正確的肌肉結構是怎麼來的呢？當然，是基於正確的骨架。

如果我們想像一棵健康成長的大樹，其穩固的結構是基於其強大的骨幹。同理，如果一個小孩在成長過程中沒有受到外力的

干擾，他的骨架會是完整的，也就是說正確骨架搭配自然放鬆活動，所以很少聽到小孩子喊腰痠背痛。

但如果我們有長期不良的生活習慣，例如一直使用同一隻手，那我們的體態可能就會偏向某一邊，導致骨架可能不再那麼的正確。疼痛自然而然就會上身。讓我們觀察許多年長者，是不是發現到他們常常彎腰駝背，久坐久站呢？

因此，維持一個正確的姿勢其實是為了確保骨架結構正確，而這也是真正放鬆與緩解疼動的起點。

• 正確骨架第一步：身正頸直

當我們了解正確姿勢與骨架重要性後，首先第一步就是要注意「身正頸直」，而不要彎腰駝背。

這跟外面強調的「抬頭挺胸」完全不一樣。因為抬頭挺胸是「用力」挺起胸膛，維持身體筆直的假象，你會發現往往過一下子，當我們不注意抬頭挺胸，姿勢就變回原樣。

而身正頸直要要求你「放鬆」調整你的身體姿勢，只要你願意每天花時間注意並養成習慣，慢慢就會改變你的體態。

• 身正頸直第一步驟：時刻注意正確的頸部角度

要怎麼做到身正頸直呢？首先，就是要時時注意頸部的正確姿勢和角度，這是確保頸部健康和舒適的重要因素。

正確的頸部角度是什麼？這裡有一個簡單的測試方法來檢查

你的頸部角度是否正確。

1. **基本動作**：坐正，頸部保持直線，不用太多的力量，輕輕地把頭左右擺動，看能擺到多少角度。這裡要注意，擺動的時候不要用太多力，不要拉傷頸部的肌肉。能擺到哪，就擺到哪，不要勉強用力。
2. **俯視動作**：稍微低頭，有點像看手機的姿勢。再次左右擺動頭部，看看擺到多少角度。
3. **仰視動作**：微微地把頭仰後，不要太多，然後再次左右擺動頭部。

在進行上述動作時，試著感受頭部在不同角度下的擺動幅度，即擺動的角度大小。

那麼，結果如何呢？通常，當頭部保持正直，就會發現頭部的擺動幅度最大；當俯視時，擺動的幅度會相對減少；而在仰視時，擺動的幅度也會減少。

透過這個測試，你可以意識到在不同的頸部角度下，頭部的活動範圍是有所不同的。而你要做的就是找出擺動幅度最大的角度，就是你要維持的頸部角度。（見第 70 頁圖）

正確的頸部角度不僅可以確保頸部的舒適，還可以減少受傷的風險。所以，請確保在日常生活和工作中，保持正確的頸部姿勢！

最後提醒一下，由於身體條件每天不斷變動，所以每天的角度都會稍微不同。因此，要養成一個良好的習慣，那就是經常轉頭去確認自己的角度，看看哪一個是你的最大幅度。轉頭的動作不只是單純的轉頭，更要確定自己的角度和位置是否正確。

頸直自我檢查的妙方

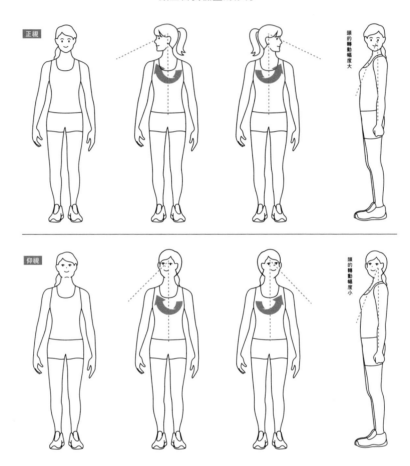

正視

頭的轉動幅度大

仰視

頭的轉動幅度小

• 身正頸直第二步驟：簡單動作，讓身體不歪斜

現在要教你如何檢查自己的身體姿勢是否正確。

首先，你要做一個簡單的動作，就是把你的手放在胸口（如圖一），如果你是右撇子，就用左手，反之左撇子則用右手。

接下來，要測量一下手肘與身體這個距離。這個距離大約是一個拳頭的寬度。如果你的身體是在正確的姿勢，這個距離應該就是一個拳頭寬。

如果這個距離小於一個拳頭寬，那麼你的身體可能就會被壓到，而這種壓迫會影響到胸部的位置，甚至可能壓到拳頭的背面（如圖二）。

如果這個距離大於一個拳頭寬，你可能會發現你的身體結構會開始往後傾斜（如圖三）。

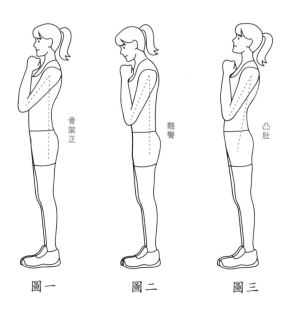

骨架正　　　　　翹臀　　　　　凸肚

圖一　　　　　　圖二　　　　　　圖三

請記住，每個人的身體形態和姿勢都不同，因此在自我檢查的時候，結果可能會有所不同。無論何時，無論是坐著還是站著，都應該用這個方法來檢查自己的姿勢。搭配上一步驟檢查頸部角度，這樣就可以輕鬆做到身正頸直的要求。

• 坐有坐相，實際應該怎麼做？

　　當我們能時刻注意「身正頸直」之後，再來最容易讓大家忽略並且99.9%都會做錯的就是坐姿。

　　為什麼呢？因為我們以為正確的坐姿就像當兵一樣，腳膝蓋與骨盆跟椅子都呈現 90 度，但這樣做的話，身體就會自然緊繃。其實，正確角度應該是約 120 度（如下圖）。

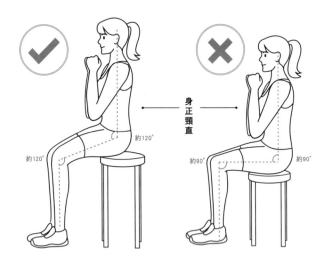

　　為什麼坐到 90 度的時候會感到肌肉緊繃呢？因為牽扯到骨

盆坐骨角度有關，當 90 度時大腿骨會往內擠壓到骨盆，這樣的角度會使骨盆往前傾，所以坐骨與椅子接觸角度會不正確，這會使坐姿相對緊張。

相對地，如果是 120 度，只要你保持身正頸直，這才會是坐骨與椅子接觸的最佳角度。你不妨嘗試坐高的姿勢，去比較一下兩者差異，相信你會有很不一樣的感受。

當我們談論坐姿時，這不僅僅是坐在椅子上的動作。正確的坐姿可以預防脊椎問題，減少壓力，並提高專注度。下面是要做正確坐姿的正確步驟。

首先，要確保你的頸椎得到正確的支撐。當你坐下時，你的頭和脖子應該保持在直線上，不要前傾或後仰。接著，確保你的背部保持伸直，這就是前述強調的「身正頸直」。再來，當你坐著時，重點是要確保坐在坐骨上（如下圖），角度不應該太前傾或太後傾。

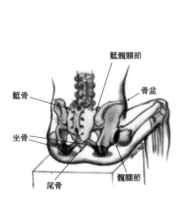

只坐在坐骨上，接觸角度不一定對

板凳坐1/2

最後，請調整你的椅子，使你的膝蓋和髖關節約呈 120 度的角度。假如回想一下，你可能會發現大多數的椅子設計都是基於 90 度的觀念，所以都設計得太低，這可能是導致很多人坐久而感到不舒服的原因。

現在，你可能正在擔心你的坐姿和工作環境。不過，不必擔心！有幾種方法可以改善：

1. **調整椅子的高度**。尋找可以調整高度的椅子，或考慮購買吧檯椅。這種椅子的高度較高，但確保你的腳還是能夠踩在地上。
2. **如果購買新椅子不切實際，考慮使用墊子來增加椅子的高度**。常見的椅子高度為 43 到 45 公分，但要 120 度角度，一般人的椅子大多需要 65 公分以上。

除此之外，強烈建議不要坐沙發。為什麼？坐姿的重要性在於它如何影響我們的健康和舒適度。坐著時，身體結構扮演了重要的角色。而傳統的沙發設計可能會讓你覺得非常舒適，但這種舒適感其實可能對身體結構有害。這是因為當你深沉地坐在沙發上時，很容易使身體結構放鬆，尤其是軟骨部分。但放鬆這些結構會使筋膜、肌肉和其他支撐結構受到壓迫。長期就容易養成錯誤姿勢，當姿勢與骨架錯誤，就容易受傷與身體疼痛。

相信看到這裡，應該顛覆很多人對坐姿與合適椅子的理解，你不應該去坐沙發或號稱人體工學的昂貴椅子，反之你應該有一個觀念，即家具應該配合你的身高，而不是你去遷就桌椅高度。選擇最適合你的家具，並確保它不會妨礙你的健康和舒適度。畢竟，你才是家中的主角，也是家具的主要使用者。

最後，記住這些建議只是起點。每個人的身體都是獨特的，所以最重要的是找到適合自己的坐姿。希望這些建議能幫助你找

到最舒適的坐姿，並保持健康的脊椎！

　　想看更清楚的影片解說，可掃描下方 QR 碼觀看。

54 /years ol.

54 歲
面對父母離世，
遺產之爭引爆家族風暴
— 法律、財務

　　在風景如畫的老城區，周氏家族一直被認為是和睦的模範家庭。數代人經營著該城的最大書店，每個週末的家庭聚餐總是吸引鄰居們好奇的目光，他們笑著、玩著、分享著生活的大小事。但這樣的和諧在家族中的兩位長老，即孩子們的父母，過世後出現了裂縫。

　　五十四歲的林先生，作為周氏家族的大兒子，從未想過自己的生活會在這一年遭遇如此巨大的變故。父母突然的去世對他打擊極大，不過真正的考驗才剛剛開始。當父母的遺囑被讀出，原以為堅不可摧的兄弟情深受到了嚴重的挑戰。遺產的分配、家族的傳承和對父母的愛與恨，每一個細節都成為繼承糾紛的引信。

　　為了這筆可觀的遺產，家族裡的每個成員展現出他們從未向外界展示過的一面。秘密、背叛、愛恨情仇，在這次的爭鬥中被放大，每一次的家庭聚會都成為了策略和心計的交鋒。

　　林先生，這位昔日家族的主心骨，將如何平息這場風暴？他能否在權力的誘惑面前守住原則，重新綁定這個家的裂痕？而家族中的其他成員又將如何選擇？面對家族、利益和道德的三難，能否找到一條正確的道路？

預先規劃，遠離紛爭：資產和醫療的智慧選擇

當我們在面對生老病死這種大家都知道但不太想面對的事情時，提前作好準備真的很重要。這不只是為了自己，也是為了愛我們的人。

如果對生命狀態有所選擇的時候，你會選擇死亡或植物人？相信九成以上的人會選擇死亡。但如果今天對象換成是你的父母親呢？心裡的答案，應該會有卡卡的感覺了吧。

再想像一下，如果有一天你不能作決定了，不是因為你不想，而是因為你真的不能。這時該怎麼辦？其實，有兩個辦法可以提前幫我們作這些決定，那就是「意定監護」和「預立醫療決定」。

意定監護是當我們失去認知能力時，提前選定的人來幫我們作決定，不只如何執行醫療與照顧的決定，也包含財產的分配使用與日常生活起居的決定。這不只是說說而已，它需要很正式的程序，比如公證，還要法院看過確認。做了意定監護，法院在選定監護人時會比較快，因為你已經選好了。

預立醫療決定是提前決定，如果我們落入特定的狀態，比如末期病人或是不可逆的昏迷，我們希望怎麼被醫療。這也需要公證和特定的程序。

2019 年《病人自主權利法》施行，透過「病人自主權利法」，可尊重病人醫療自主意願讓病人、家屬、醫療團隊三方在醫療機構進行「預立醫療照護諮商」過程中，了解病人真實願望，以達促進醫病關係和諧的目的，同時減輕家屬面對病人離世

時的茫然與不知所措，並因將決定權交還給病人，降低家屬幫他人作決定所造成的內疚與自責，進而因著尊重和支持病人的決定，體認到自己是實現病人願望的幫助者。

若要啟動預立醫療決定，只有當民眾處於條文所規定的下列「特定臨床條件」時，才會啟動：

1. **末期病人。**
2. **處於不可逆轉之昏迷狀況。**
3. **永久植物人狀態。**
4. **極重度失智。**
5. **其他經中央主管機關公告之病人疾病狀況或痛苦難以忍受、疾病無法治癒且依當時醫療水準無其他合適解決方法之情形。**

經由「預立醫療決定」簽署後，當上述五款「臨床條件病人」發生時，你的預立醫療決定才會被啟動與執行，而是否符合這五款的條件，必須經過兩位專科醫師、至少二次緩和醫療團隊照會評估，其過程非常謹慎，不可能因立下預立醫療決定，而讓原有治癒機會的患者因而被提前放棄治療。也就是說，在《病人自主權利法》上的「意願人」，必須具備下列可以判斷的條件之一：

1. **成年人。**
2. **未成年但已合法結婚者。**

意願人參加預立醫療照護諮商時可以直接簽署預立醫療決定。簽署預立醫療決定後如有疑慮，得以書面撤回或變更重新註記。（更多相關訊息，可登入網址「https://hpcod.mohw.gov.tw/HospWeb/RWD/QA/general_a.aspx」參閱）

在醫療層面，「意定監護」和「預立醫療決定」兩者聽起來

有點像，但有些不同。簡單來說，意定監護是選一個人來幫你決定治療方式，而預立醫療決定是你直接表明你希望的治療方式。

其實，如果可以的話，應該兩者都做，甚至加上「遺囑」。這樣，不管發生什麼事，至少我們提前做好了計畫，給自己和家人留下一點心安。

所以強烈建議大家提早想清楚，找個你信任的人，把這些事情都安排好。這樣，未來的不確定中，至少有一些事是自己可以確定的。預立醫療決定和意定監護其實主要差別在於，如果不能自己決定醫療事宜，誰可以代替我呢？而其他方面都大同小異，而且自己還可以隨時更改，只要重新書面公證就可以了。

預立醫療決定是需要先去醫院諮詢，再公證，最後上傳到健保局，在健保卡上會有個註記。之後要改，程序都差不多。但意定監護是透過法院，主要是幫我管理資產。這表示我生前已經信任指定的人，讓他幫我作這些決定。

有些老人還能夠簡易地照顧自己，但在子女間，對於決定由誰照顧長輩的問題，就開始互相鬥爭。像有四個孩子的家庭，小妹因未婚被認為沒有家庭負擔，而被其他人要求照顧媽媽，但這並不代表她會得到更多遺產。所以在遺產分配上，加入行使意定監護或醫療自主決定就可以拿更多，至少能讓照顧老人的子女心裡平衡些，也許他們覺得這樣更公平。

另外有個案例，爸爸失智，但他有三個孩子，他們都覺得自己付出最多，所以在選誰當監護人上吵來吵去，到最後都變法官的事情了。但一開始爸爸選好意定監護的人，就能在意識還清楚的時候，選擇信賴的人，可能是家人、律師或會計師，協助處理未來可能發生的醫療和資產問題，然後做個公證，再送到法院備查。這樣萬一失去意識時，子女就不用再花時間討論和精神鑑

定，直接按照長輩選擇的意定監護去執行就好了。

整件事情的重點就是：我想要自己決定我未來不確定的事情，包括我的資產和醫療。

簡單來說，意定監護就是我指定誰可以在我出事的時候幫我處理財產或照顧我。這裡面也包括作一些醫療的決定，但只能是小病小痛的事。真的重大的醫療決定，像是要不要急救，監護人就不能幫我決定了，因為涉及法律和道德的問題。

所以，除了財產，醫療決定也應該併入監護制度，這樣才能彌補現在制度的不足。因此建議把意定監護、預立醫療決定和遺囑這三個都考慮進去，這樣才能真正解決問題，避免紛爭。

但華人往往不太談死，特別是老一輩的人，他們心裡會有障礙。所以要先了解他們為何有這種心理，才能更好地幫助他們。畢竟，新的說法或案例有時能讓他們接受。

最近四、五十歲的人相對可能比較開放，因為有人即使不到五十歲，就遇到上述這些問題。實際案例中，就有人不到五十歲就要面對媽媽化療和接手家族企業的問題。所以，這些事情不一定要等到五十四歲才談，五十歲或更早之前就要學習。

如何安排意定監護與遺囑：
從法律到家庭情感的考量

如果大家想開啟意定監護，其實步驟並不複雜。首先，大家不需要什麼特殊條件，只要有行為能力就行。但挑選監護人很重要，畢竟他未來可能要代你作決定。

通常，三個基本步驟就夠了：

1. **確定自己想要進行意定監護。**
2. **找自己信賴的人當意定監護人，可以設定好幾個人，授權特定的人做特定的事。**
3. **挑選一位熟悉這方面的律師來協助。**

其實這跟簽一般的契約沒兩樣，最主要的是，自己必須知道未來想怎麼安排。不過，有個小技巧，就是先在腦中模擬一遍，看看這樣適不適合你。

有的人選擇讓親近的律師擔任監護人，有的則是選擇家裡的某一位子女。意定監護隨時可以改，像是有一對夫妻原本想讓最疼愛的小孩成為監護人，後來又改主意，因為某位子女花很多時間照顧父母，所以當父母決定資產的分配時，可能會多留給這位子女，因為他付出了很多，最後把意定監護人從疼愛的小孩改成這位孝順的子女。

重點是，有了這份監護契約，父母可以放心。這份契約的效力很強，所以一旦決定，其他人很難反駁。不過，這也給子女一個孝順父母的機會。因為父母隨時可以改決定，這就像一種默默的力量，讓子女知道，要好好對待自己的父母。

所以說，意定監護不只是法律層面的事，它更多的是關於家庭、情感和責任。

• 設立遺囑的注意要點

寫遺囑的方式真的很多，就像意定監護和預立醫療決定需要公證或見證，自書遺囑和公證遺囑也都可以。但不是想怎麼寫就

可以隨便寫，最好的方法是將這些都結合，透過公證提交給法院。

曾經遇過這樣的情況，某位在三總住院的校長製作的遺囑就直接說，「我想把所有東西都留給某某。」邊說邊錄，還手寫了下來。但因為這個人有退休榮民的身分，政府根據法律有權介入管理他的資產，甚至可以收回國家所有，根本不是可以想怎麼寫就隨便寫。

因此，許多人在立遺囑時，可能會有誤解或手忙腳亂，認為自己的方式就是對的。如果是自己手寫的遺囑，修改的地方記得要簽名，名字要寫清楚，不然筆跡可能會引起問題。透過公證的話，這些就不是問題了。

當然，有些人可能因為不識字或其他原因需要代筆。還有，很多人對特留分的概念可能不太清楚。簡單來說，如果爸爸有1000萬資產，四個小孩應該每人分250萬。但遺囑可能會更偏向某位小孩，但法律還是要保障每個小孩至少拿到125萬。這些代筆遺囑或是特留分問題，建議一定要請教律師協助執行才不會有問題。

曾經有一家人，每個孩子都帶爸爸去寫遺囑，結果遺囑寫了好幾份，最後還得看時間日期，到底誰的遺囑是最新的。九份知名的芋圓店就發生過，阿婆過世時有不同人主張阿婆生前的決定是如何如何，但還好阿婆有遠見，她過世那年留了一份代筆遺囑，才平息了眾人的意見，按照遺囑執行。

有時候，遺產可能不多，不需要繳遺產稅，家人簡單分一分就好。但有的家庭，爸媽寫了遺囑想把畢生資產留給還沒成年的孩子，通常他們會請家族辦公室來幫忙管理，確保資產和企業的傳承順利。

但是如果提前分配資產，也是有一定的風險，不是每次都會順利。有個案例，家中每一位兄弟只要賺到錢，就會合資一起買房、買地，然後這些財產都會按照爸爸的意思，按順序分散登記在每一位兄弟的名下，這種做法有好有壞，壞處是因為一旦資產是登記在你名下，你就會自然地覺得那是你的，這就是人性。所以可想而知，當家中的大兒子身故離世，大兒子的子女要完成遺產登記時，但其大兒子的兄弟們就會出來說：「那不是大哥的資產啊，那是大家的，大家都有權利分。」但問題是，所有的遺產及財產登記都早已完成，想再轉移那些房子和土地給其他人，對要給出的人心理層面上肯定過不去，而且還是你們父執輩的事情，真的不是一句「太麻煩」就可以解釋清楚的。

　　當然也有父母觀念根深蒂固的例子。兒子是醫生，女兒是營養師，因為兒子認為自己的收入相對較高，建議父母將遺產留給妹妹、他自己不需要。他這麼做，主要是不想因為這些事與家人產生矛盾。兒子告訴父母，如果真的擔心未來兄妹之間會為了財產鬧矛盾，甚至現在就可以把所有的東西分給妹妹，或者父母自己好好享受。結果，父母還是說，土地是要留給長子的，這是傳統。

　　所以，面對寫下意定監護、預立醫療或是遺囑，很多時候要考量的人性，也就是人們所展現出來的真實面；簡單說，我們在簽合約時，會提前把過去碰到的爭議問題都列出來，這樣就避免了未來可能的爭端。在這樣的前提下，同樣的，未來負責分配資產的人就能很清楚怎麼做是最好的，不會自陷難為困境或引發衝突。

5 5 *years of*

55 歲
屆齡退休，
薪水與幹勁的挑戰與重生
— 財務、投資

　　在充滿高樓和霓虹燈的大城市中，每個轉角都隱藏著許多人生故事。鄭翔原是這都市中的一名出色工程師，以其對於工作的熱情和技能而聞名。可是，當鄭翔到達五十五歲的那一天，他發現自己正站在一個奇妙的交叉路口。

　　五十五歲這個年紀，對大部分人來說，是該考慮退休的時候。可是對鄭翔來說，他感覺自己仍然充滿活力和熱情，想要創造出更多偉大的事業。但他所在的公司卻似乎不這麼認為。年輕的工程師陸續加入，新的科技和工具也不斷地更新，鄭翔覺得自己像是被放在一個老舊的角落。他的薪水也在悄悄減少，即使他對於工作的熱情和努力仍然不減。

　　鄭翔開始懷疑自己的價值。他問自己：「在這個快速變化的世界裡，我還有去處嗎？」

　　每天走在繁忙的街道上，鄭翔的心中充滿了疑惑和掙扎。在這個追求速度和效率的社會裡，當屆齡退休時，薪水和幹勁都少了一半的情況下，我們該怎麼辦？

退休真正的意義與挑戰

當我們到達五十五歲，有許多人開始考慮退休，也發現薪資似乎達到了一個瓶頸。這時，許多人可能會問，考慮到我們的經驗和能量可能不如從前，是不是應該開始著重投資？如何在投資上有所獲益呢？

說實話，我覺得在五十五歲，大部分的人還是應該考慮保持在職，但不一定要留在原來的職位或公司。從投資的角度來看，可以分成兩部分：職涯投資和財務投資。

職涯投資是指利用過去的經驗和人脈，轉行或開始自己的小生意。舉例來說，有些人可能在資訊業工作了二十年，然後決定賣酒，利用他原本的人脈來拓展業務。他也不需要囤貨或做大量的販售，只是分享他喜歡的酒，並轉賣給其他人。

這就是一種職涯上的轉型，比如成為顧問，或賣其他人的產品，或開創自己的生意。當然，利用過去的學習和經驗，做些自己真正感興趣的事情，可以讓生活更有趣且更有成就感。

而在財務投資上，建議大家花時間深入學習投資的知識和策略。單單知識的學習並不夠，真正的投資還需要進行實踐，且這實踐可能需要幾年的時間來驗證。例如，如果你想要投資房地產，實際去試著購買和出租，看看這是否真的如你所想。

而最最重要的是，要學習看穿騙局、避開詐騙的觀念，因為談到投資大家先想到的是獲利，但真正投資第一步要學的是「不要賠錢」，所以學會避開詐騙、淘汰劣質公司的能力，比學技術分析、基本面分析等投資能力更重要，太多人發現時間不夠累積

所需要的資產時，就會病急亂投醫，看到投資機會就盲目跟進，沒有專業與技術好好評估，結果一輩子辛苦存的積蓄被騙光，落得下流老人的下場。

此外，投資不應該是想要賺快錢，而是應該考慮長期的累積。許多人可能因為想要早點退休，所以選擇了看起來能快速獲利的投資方式，但這可能帶來更高的風險。如果能調整自己的心態，考慮稍後退休，增加可以累積資本與學習投資的時間，並真正地投入時間學習投資知識，則我們在投資上的風險會降低，並可能獲得更好的回報。

• 除了金錢，針對退休你要考量的更多

當我們談到退休的時候，大部分人的首要擔憂就是錢。很多人誤以為，當他們到達六十五歲退休時，原本的收入來源就會完全中斷，從此只能依靠積蓄或投資來度日。但如果你在三十或四十歲時就開始規劃投資，那麼到了六十五歲時，就極有可能依靠這筆錢來退休。

退休真正的意義是，你不再有主動的收入。對大多數人來說，這部分的收入占了他們總收入的 50～60％或甚至 70～80％。所以，當這個重要的收入來源突然消失時，如果這時你的被動收入或儲蓄又不足，生活就會受到很大的影響。有人可能認為存了二、三千萬就足夠退休了，但實際上，生活中的各種意外或變數會讓錢消耗得比預期快。很多人剛退休時都過得很愉快，但通常在三年後，當他們意識到自己花費的速度過快時，就開始擔心未來。

退休後，錢不僅影響生活品質，還影響心態和人際關係。當

儲蓄開始短缺、開始捉襟見肘時，人們就會縮衣節食，開始過著鐵公雞、一毛不拔的生活，因為開始會怕，而且這種過度節省的狀態會影響到他的身心狀態和他的人際關係，他們因過於節儉會變得斤斤計較，會導致心情壓抑、與家人和朋友的關係受損。

此外，一些退休者可能想重返職場，但又擔心自己的地位不如從前。從總經理或中階主管變成一名普通服務生，確實會有一定的心理落差。但我認為，最重要的是保持持續穩定的收入，而不是在乎職位上的差異。我們不應該過於在乎他人的眼光，而忽略了真正重要的事情。

天龍八步投資法：從心態到現金流

• 投資一開始，你需要作好的心理準備

談起投資，首先，你需要作好投資的心理準備。簡單地說，如果想開始投資，必須先儲備起一筆資金。這筆資金的目的是讓你去學習、體驗投資的過程，就像是交學費。

舉個例子，如果你有 200 萬元，你可以考慮將它分成四部分。每部分 50 萬元，用來投資四種不同的標的物。例如：

1. **股票**：你可以嘗試購買和出售股票，端看你更喜歡短線交易、技術投資，還是價值投資。
2. **房地產**：你可以考慮投資租賃樓房或買賣房產看是否適合你。
3. **加盟或經銷代理**：你可以考慮購買某個品牌的經銷權或加盟某家公司來試著做生意。
4. **保險**：購買保單，了解保險理財的運作方式。

如果你認為 50 萬元太多，你可以再細分這筆錢，例如將 50 萬分成兩部分，每部分 25 萬元。這樣就可以在同一個領域裡嘗試不同的投資方法。

你要知道沒有唯一正確的投資方法，只有適不適合你的投資方式。投資就像學習，必須繳交學費。但通過這些嘗試，你將更了解自己適合哪種投資方式。

・天龍八步投資法（一）

投資方式五花八門，但萬變不離其宗，歸納總結為天龍八步投資心法。

天龍八步第一步是「高築牆、廣積糧」，也就是要先存足本金。像前面提到投資需要去學習且實際投錢體驗投資的過程，這需要先存多少錢呢？一般建議至少存 200 萬元。為什麼會建議要存 200 萬元呢？第一原因是因為存錢過程中需要好幾年的時間，剛好學習投資相關知識與能力，才能對投資有正確的觀點與心態。第二個原因就跟天龍八步投資心法的第二步有關。

天龍八步第二步是「狡兔三窟」，也就是分散投資來降低風險，不要把所有的錢都投入同一個項目，建議最少要分散為四個項目，又因為每個項目都可能有它最低的投資限額，再加上還要保留足夠的預備金，當作逢低加碼或是東山再起時的資金來源。

天龍八步第三步是「風馬牛不相及」，就是確保你的投資標的之間互不相干，很多人都誤會所謂的「投資標的之間互不相干」，認為只要有所不同就是了，例如投資股票、基金、債券，或是購買店面、住家、辦公室，就認為是互不相干，其實不是，

因為股票、基金、債券都是會波動的指數型金融工具，店面、住家、辦公室都是房地產，一旦某項目受影響，其實其他的都受影響。互不相干指的是獲利模式、適用法規、投資屬性都不一樣，這樣當某一個市場受到打擊時，不會影響你的其他投資的項目。

天龍八部第四步是「去蕪存菁」。經過一段時間的投資後，你應該評估哪些投資項目是成功的，那些是應該淘汰的，然後集中資源，也就是第二步所留的預備金投資於那些成功的項目。

總的來說，投資需要時間、經驗和學習。始終保持謹慎，從小處開始，並隨著時間的推移逐步增加你的投資。

• 天龍八步投資法（二）

天龍八部第五步是「借力使力」。當你已經掌握了投資的祕訣，就可以考慮用借款的方式放大你的投資。但在這之前，必須確保你已經經歷了前面的學習階段，否則你可能會作出錯誤的決策，這是許多人初次投資常犯的錯誤。

當我們想快速達到財富的目標時，純粹靠自己存錢很難達成。例如，假設每月存 3500 元，要存到 100 萬元需要二十三年。但如果你能借款 100 萬元去投資一個年回報率 12% 的項目，那麼你的資金每年可以增加 12 萬元。扣掉每月要還借款的本利攤，實際每月只需要還款 3500 元左右，跟一開始單純每月存 3500 元一樣，但七年後你的 100 萬投資就回本了，遠比原本的二十三年來得快三倍以上！

然而，這裡有個要注意的地方。借款投資像是一把雙刃劍，有高回報的同時，也伴隨著高風險。

不過，借力使力的理念不僅僅在金錢上。例如，開公司請員工就是一種利用他人時間的方式。當老闆付給員工 3 萬元薪水，但員工為公司賺回 6 萬，這就是借力的好處。當然，請員工也有其風險和挑戰，但如果能夠管理好，則收益可觀。

　　所以，借款投資不是壞事，但關鍵是要有能力控管風險，並且在投資前進行深入的研究，避免盲目跟隨或投資不合適的項目。

　　投資其實是一門技藝，每一種投資工具都有其特定的要求。舉例來說，當你選擇投資股票，你必須要能夠承受股票的起伏和相關新聞的不斷刺激。這並不是說投資股票就是錯的，但你必須對其有足夠的認識和心理準備。

　　再來看房地產投資，當你選擇成為房東，尤其當你持有多套房產時，與房客的互動將會變得越來越多。這意味著你可能會遇到各種問題，如拖欠租金、維修需求等。再者，如何挑選好的房客也是一大挑戰，因為一個不好的房客可能會帶來很大的風險和困擾。

　　我個人偏好能穩定產生現金流的實體產業，因為我無法準確預測指數型金融工具的波動。然而，每種投資工具都沒有絕對的好壞，重要的是你是否對它有深入的了解。如果之前從未深入投資，那麼可能不會真正了解其風險和現實面。

　　重要的是，投資不只是關於如何賺錢，更重要的是當市場逆風時，如何面對和管理損失。如果沒有準備好面對賠錢的損失，那麼你可能還不適合進行投資。對於那些只依賴運氣與時機賺錢的人，他們賺到的錢可能也會因為實力而失去。

　　最後，如果你認為自己真的不適合投資，那也沒關係。你可

以選擇投資在自己的工作和生涯規劃上。畢竟，過好每一天並不僅僅依賴於財富投資。如果能在工作上創造更多價值，那麼生活品質同樣可以得到提升。

・天龍八步投資法（三）

天龍八部第六步是「滴水穿石」。當你考慮放大投資時，不僅要注意投資的金額大小，還要謹慎地考慮這種放大能夠持續多久。一些工具或策略的效益可能只持續一年或三年，這只是時機財，所以長期獲利是真正的挑戰。換句話說，你需要找到能夠持續長時間的獲利模式，這才是時間財。

只有你能敢把獲利再次投資，而不是把獲利贖回，而且敢連續十年、二十年以上重複投資，這正是在利用複利的原理。當然這前提需要你選擇的投資工具或策略是正確的。否則，你可能會失去原本的利潤。

天龍八部第七步「坐以待幣」，也就是藉由第六步讓資產累積到足夠大的金額時，就要放到更長期、更穩定能產生現金流的工具，坐享其成等待臺幣入賬，到這一步考慮的就是如何確保資金有穩定的回報。一個策略是把大筆資金放入穩定的投資項目，例如保單或是優質公司固定配息的債券。儘管這些投資的回報可能只有 3％ 或 5％，但當你能投入上千萬時，這仍然能為你提供穩定的現金流。

有些人或許不需要透過投資來累積資金，因為他們的本業已經足夠強大，光靠每年所存的錢就能累積數千萬元。這樣的人可以選擇跳過某些步驟，直接進行天龍八部第七步「坐以待幣」。

總之，建立穩定的現金流是極其重要的。許多人在他們的事業巔峰時期賺了很多錢，但卻因為沒有穩定的現金流而面臨經濟困境。因此，我們應該始終記住：不僅要賺錢，還要確保這筆錢能夠為我們創造持續的現金流。

　　天龍八部第八步「固若金湯」。想像你正在打造一個賺錢的「工具」，最重要的是，你希望它能夠穩固、不受外界干擾。那麼，就要考慮把會影響到這個賺錢工具的各種風險事先排除掉，讓你的投資不動如山地不受任何影響，就像選擇投資的保單或公司債，你不會將所有的錢都投在同一家公司，而是選擇分散投資於不同的公司，以降低風險。

　　或是選擇投資於不同的保險公司，你可能會同時選擇國泰、南山、富邦進行保單規劃，這樣即使其中一家有問題，你的投資仍然有保障。

　　或者，如果你決定開創一個事業，例如連鎖飲料店，當你已經開設了多家分店，你也需要考慮到可能影響事業的各種風險。例如，員工的素質、原材料的品質、品牌聲譽、場地安全等，都需要嚴格控制以確保顧客的好評。

　　最終的目的是確保當你的投資或事業模式建立起來後，盡可能事先排除各種風險，包含「人、事、時、地、物」各種風險，讓投資能夠穩固且不受干擾。這就像一道「防護屏障」，提前預測可能的風險並採取措施來避免它們。

　　例如，如果你選擇用租金作為固定現金流入，你可能需要學會如何篩選房客，甚至簽訂公證的合同。還有一種方式是，你可以與包租代管公司合作，讓他們負責處理所有的事情，這樣即使有問題，也是由他們承擔風險。

總結來說，不論你選擇哪種方式賺錢，最重要的是確保你的現金流穩定，盡量減少所有可能的風險因素，這樣你的投資或事業才能真正的「穩固如山」。

進一步想知道如何用「12 個指標」、「標準化提問法」篩選投資標的物，讓自己能看破詐騙套路，脫離投資虧損的命運，可掃描下方 QR 碼，或登入網址「https://suyufong.com.tw」參閱。

投資之旅：
初學者的成功之道、資產配置的智慧與陷阱避免

投資，對許多人來說，可能聽起來像是一個複雜的詞語，充滿了未知的風險和機會。但其實，只要掌握一些基本原則和資產配置的智慧，每個人都可以走上成功的投資之路。在這篇文章中，將簡單地探討投資四步驟，了解投資成功的關鍵、資產配置的重要性，以及初學者應該避免的常見陷阱。

・第一步驟：你務必要很清楚合理的投資報酬

以下是常見資產類別：
1. **股票**：近兩個世紀，股票經通膨調整後的實質報酬率的平均年報酬率約為 6.7%。

2. **債券**：長期政府債券的平均年化報酬率大約在 2～5％。公司債或高收益債可能會更高，但風險也會增加。
3. **不動產**：不動產的報酬率因地區而異，但長期平均年化報酬率通常在 3～6％之間，但這不包括可能的租金收入。
4. **黃金和其他商品**：長期來看，黃金和其他商品的報酬率通常低於股票和不動產，大約在 1～4％之間。但在高通膨環境，政經環境不穩定時會提高，如 1966～1981 年實質報酬率 8.8％。
5. **現金或短期政府證券**：報酬率通常非常低，可能低於 1％。

透過上面數據，可以很清楚知道目前最高的是股市，長期平均報酬約 6.7％。當你對各種投資資產了解合理報酬時，如果一個標的超過太多，就要很小心是否詐騙，需要更深入的研究。

• 第二步驟：你要了解真正投資獲利的關鍵

跟很多人認知不同，投資真正賺到錢的方式，不是要找一個飆股，不是找到明牌，不是抓準時機低買高賣，更不是跟到一個名師。

真正投資獲利關鍵在於資產配置。許多學術研究都指出，資產配置是影響投資組合長期總回報的主要因素。

最為人所知的研究來自於 1986 年的布林森（Brinson）、霍德（Hood）和比鮑爾（Beebower）（簡稱 BHB）。他們分析了九十一個大型美國鉅額基金。研究結果顯示，資產配置策略解釋了投資組合回報變動的約 93.6％。

想像你正在準備一個大餐。你不可能只用一種食材來做所有的菜餚，對吧？你可能會選擇一些肉、蔬菜、澱粉和調味料來製作各種不同的菜餚。在這個過程中，你決定使用哪些食材及它們的比例，就像是「資產配置」。

在投資的世界裡，資產配置是指你如何分配你的錢到不同的投資類型，像是股票、債券或是不動產。這就像決定你的大餐中要有多少肉、蔬菜或澱粉。

選擇正確的資產配置很重要，因為不同的投資類型在不同的時候可能會有好或壞的表現。正確地分配你的錢，可以幫助你在市場上下波動時，獲得穩定的回報並減少風險。這就像確保你的大餐既美味又均衡！

所以你要區分投資資產是高風險或低風險資產，列表是常見狀況（需要看你實際投資項目來進行分析）。

高風險	低風險
股票	政府債券
高收益債券	投資級公司債券
新興市場投資	市政債券
風險資本和私募股權	定存和儲蓄帳戶
加密貨幣	貨幣市場基金

假設你有一筆投資，其中 40％是投資在股市上，而 60％是投資在債券上。股市通常比較有風險，但回報也可能較高；而債券相對穩定，但回報可能較低。

現在，如果股市突然大跌 40％，這部分的投資價值會大幅減少。但是，由於你只有 40％的資金在股市上，所以整體的影響不

會像股市跌幅那麼大。

另一方面，你的 60％債券投資可能沒有受到太大的影響，或者甚至可能有所增加，因為在市場不穩定時，許多投資者可能會將資金轉移到相對安全的債券上。

所以，即使股市大跌，由於你的資金是分散在股市和債券上的，整體損失會被部分抵消。這正是為什麼分散投資和資產配置是控制投資風險的重要策略，而不能盲目篤定單押特定資產類別。

• 第三步驟：控制風險與長期投資

在投資的旅程中，控制風險與長期持有是兩個不可或缺的原則。市場的短期波動是無法避免的，但長期投資可以幫助我們看到更大的畫面，不受短期的市場情緒所影響。

控制風險不僅僅是避免損失，更是確保我們的資金可以在各種市場環境下生存和成長。巴菲特有句名言：「投資的第一原則是不要虧損本金，第二原則是不要忘記第一原則。」這句話強調了保護本金的重要性，很多人投資只想著賺錢，但真正投資者都在思考如果虧損了該怎麼面對與處理。在投資時要謹慎，避免不必要的風險，並始終記住保護自己的資金是最重要的。

所以，透過明智的資產配置、分散投資以及定期評估投資組合，可以有效地管理風險，使其保持在自己可以接受的範圍內。

而長期投資的力量在於利用時間的優勢。歷史數據顯示，儘管市場短期內可能會有起伏，但長期來看，它往往會呈現上升的趨勢。長期持有不僅可以減少因短期市場波動而作出衝動決策的

可能性，還可以享受複利的奇蹟，使資金逐漸增長。

　　作為投資者，應該專注於我們可以控制的事物：控制風險並堅持長期投資的策略。這樣，就可以穩定地邁向財富累積的目標。

・第四步驟：避免投資陷阱

　　下面是常見投資者容易犯錯的陷阱，需要時時檢視避免犯錯：

1. **情緒決策**：市場上下波動是正常的。不要因為暫時的市場下跌或新聞報導而情緒化地賣出或購買。
2. **追逐熱門**：當某個投資變得非常受歡迎時，不要盲目跟隨。熱門的投資可能已經過於昂貴，且可能帶來更高的風險。
3. **預測市場**：猜測市場短期走向極其困難，因為它受到許多不可預測的因素影響。對投資者而言，策略和耐心比猜測市場更為重要。
4. **忽略費用**：投資經常伴隨著各種費用，例如交易費、管理費等。這些費用會影響你的總回報，所以要確保自己完全了解並盡量選擇低費用的投資。
5. **不定期檢查**：雖然提倡長期思考，但這不代表你不需要定期檢查你的投資組合和資產配置。隨著時間的推移，你的投資組合可能需要調整，以符合你的目標。

　　投資就像是一場馬拉松，而不是短跑。透過學習、計畫和持續的努力，才可以達到你的財富目標。只要避免上述的陷阱，並堅持成功的關鍵，你的投資之旅將會是愉快和充實的！

搭乘股市的雲霄飛車：
為什麼「時間」對退休者如此重要

當我們學習完投資重要四個步驟的時候，接下來就要了解一個退休投資最重要的知識：報酬順序風險。

你是否曾搭乘過遊樂園的雲霄飛車？如果有，你可能知道，開始的一段路程會決定你整趟旅程的心情。股市就像一輛雲霄飛車，而我們的資金就像是坐在車上的乘客。那麼，「先上後下」和「先下後上」的順序會怎麼影響這趟旅程呢？

想像一下，你正在準備退休，計畫每個月提取一定的金額。如果股市在你剛開始提款的那段時間內上漲（就像雲霄飛車的高潮開始），即使後來市場有所下跌，你的資金仍然相對充足，因為你在市場高峰期間已經賺了一筆。

但如果情況相反，當你開始提款時，股市正處於下跌（就像雲霄飛車的急速下滑），即使後來市場回升，你可能會發現資金減少得非常快。因為在市場低迷時，你已經損失了一大筆。

所以即使在整個退休期間，平均報酬相同，但是由於報酬的順序不同，最終的結餘可能會有很大的差異。特別是那位在退休初期遭遇市場下跌的退休者，可能會更容易面臨資金枯竭的風險。這就是所謂的「股市報酬順序風險」。

簡而言之，就是市場報酬的順序如何影響你的資金。如果在退休初期，我們的投資遭遇市場下跌，投資資金會更快地減少，最容易坐吃山空，這是退休最不樂意見到的事情！

要知道沒有人能預測到退休時會不會遇到金融海嘯與股市大

跌，那麼應該如何處理呢？

這時可以採取以下策略：

1. **「退休初期」使用保守的資產配置**：根據風險承受能力和時間視野進行多樣化投資。
2. **彈性提款策略**：在市場下跌時減少提款或延遲提款。
3. **資金儲備**：設立一個緊急預備金，以應對市場下跌期間的費用。

市場下跌，則使用彈性提款策略：勒緊褲帶，少領、少花一點，讓投資資金多一點；或者多一點資金儲備，即用多一點緊急預備金來替代生活花費，這些很好理解。

但是最容易忽略的就是在「退休初期」保守地資產配置。我們以為退休時只要保守，存定存，投資保單，或穩健的債券即可。但如果太過保守，低於通貨膨脹，你存的退休金往往不夠。所以適度配置在股票等高風險的投資標的，也就是合適「資產配置」很重要。

• **什麼是合適「資產配置」呢？**

因為有「股市報酬順序風險」，我們理解最怕碰到「退休初期」遇到金融海嘯或股市大跌，所以在準備退休前後幾年，要配置更多低風險的投資項目：如投資 AAA 級債券、全球穩健指數債券型基金等。而在退休中後期時，反而可以適度增加高報酬的資產項目，如全球指數股票型基金。讓你投資報酬增加，讓整個投資部位增加，最大機會延長提領的時間。

記住，股市就像雲霄飛車，有高潮也有低谷，你無法完全預

測。透過明智的策略和規劃，包括「退休初期」使用保守的資產配置，彈性提款策略，額外資金儲備，便可以享受這趟刺激的旅程，而不必擔心退休資金的問題。

56 years o

56 歲
熟年離婚，探討婚姻的意義
— 心理、法律

在鬧市中的一間隱密咖啡館裡，陽光透過繁密的樹葉，灑在書桌上的一份文件。這份文件有著莊重的名稱：離婚協議書。蘇珊，五十六歲的她，手指輕撫著文件的邊緣，思緒卻回到了三十多年前。

那時的她和艾倫是學校裡眾所矚目的情侶，兩人也堅信他們的愛情可以越過一切障礙。但愛情有時是不可預測的，特別是當生活中充滿了壓力、責任和無數的選擇。他們曾相信，隨著年齡的增長，他們的情感會更加深厚。但真實的情形卻是，生活中的小摩擦和不同的價值觀不斷地考驗著他們的感情。

蘇珊回想著自己如何從年輕的戀人變成了現在的中年婦女，如何在婚姻中經歷了無數的起伏。而現在，面對即將翻開的新頁，她卻是那麼地迷惘和不安。

這不只是一篇關於蘇珊與艾倫的故事，更是許多人在中年階段可能會面臨的一個課題。從他們的經歷中，我們將探討熟年離婚背後的心路歷程，以及如何作好這一挑戰的心理準備。

熟齡離婚，婚姻、愛與法律的探討

• 熟年離婚是新時代的標誌嗎？

　　家庭的角色和結構在現今社會已經和以前有了很大的變化。回想起幾十年前，家庭中的男性通常是唯一的經濟支柱，而女性則專心於家庭的照料和孩子的教養。但在現代，這種角色劃分已經不再那麼明確。雙薪家庭現在越來越普遍，而在那些只有一方工作的家庭中，女性也不再僅僅限於家庭的角色。她們參與社交活動，甚至有自己的經濟生活。隨著外部世界的接觸增多，不論男女都能更快、更多地獲取資訊。

　　每個人都在不同的生活階段中努力找尋和塑造自己的價值。即使到了五十歲，還是會透過生活的各種經驗來更加了解自己，並整合自己過去的經驗，使我們的生命變得更加完整。

　　這裡有一個真實的例子。一位女士和她的丈夫相識了超過三十年。但當她近五十歲時，她發現先生的一些不尋常的行為，例如錢包裡的小愛心物品和車裡的不明水瓶。這些似乎微不足道的事情，卻揭示了他們之間長期存在但從未正面面對的問題。結果，當這些問題被放大時，丈夫選擇離家，並在兩個月後向法院提出離婚。

　　從法律上看，這些小事可能不足以成為離婚的正當理由。但當深入了解這對夫妻的相處歷程時，我們可以發現他們之間存在著許多的矛盾和問題。在他們婚前，丈夫經常失蹤，但妻子選擇忽略這些問題，並告訴自己一切都還好。但當這次的問題再次浮現時，她開始反思，她和她的丈夫是否真的適合在一起。

　　其實，熟年離婚並不是一個新的現象。它通常是基於日常生

活中的各種小事，例如如何教養孩子和如何花錢。有人建議，如果一對夫婦的關係還算穩定，他們可以嘗試一起養一隻寵物。當孩子長大離家後，這樣做或許能夠幫助他們重新找回初戀時的感覺。

• **當你愛著一朵玫瑰時，不是急著摘下它，而是欣賞它，澆灌它**

每一對離婚的夫妻都有他們獨特的故事。但如果我們深入探究，會發現很多問題其實起源於原生家庭的影響，例如過於操控的母親，或者是在成長過程中缺乏足夠的安全感。當然，還有因為愛情的盲點，導致在交往期間選擇性地忽視眼前的問題。

人們都知道，吵架或許可以幫助我們了解彼此的底線，但這並不意味著我們可以透過肢體上的傷害來解決問題。在每段感情中，都應該學會放下過去的模式，找到最適合的相處方式。

市面上有很多關於兩性關係的書籍，但愛情之間如何成熟相處，卻沒有固定的答案。很多人會嘗試將書中的建議套用在自己的關係中，但當真正墜入愛河時，會發現真正吸引我們的，其實是那種忐忑不安、無法控制的感覺。

你身邊是否有這樣的朋友，或是你是否談過這樣的戀愛：

因為極度缺乏安全感，在關係開始後的一段時間，關係要不要昇華的時刻，用言語或用肢體，試圖操控對方的勒索行為，就像是用盡各種方式查勤、掌握對方的行蹤，或利用試探的口吻，限制對方的自由和個人空間。

而源於自身的不安全感，把「我是為了你好」包裝為關心及

愛的糖衣，告訴對方「你這樣穿太露」、「你朋友很不好，你不該和他來往」、「人就是要笨笨的才好」，甚至會有一些貶低的言語出現：「連這個都不懂嗎？」或是以交往為名，限制你和異性往來，甚至是整個交友圈。

這些看似瑣碎無大礙的行為，都是種無形的暴力，不斷地用情緒勒索著別人。很多親密關係、恐怖情人的暴力，都是從情緒勒索一步一步延伸的。

每個人都會在關係中面對不安的自己，但時刻覺察，遇到不滿的時候，可以停下來，正視自己的軟弱，並以不傷害彼此的方式，讓對方知道自己受傷了。

要知道，「當你愛著一朵玫瑰的時候，不是急著要把它摘下，而是欣賞它，澆灌它。」

沒有人有資格以愛為名，擁有、支配他方，也不是陶醉於自己的付出，拿出來與對方一一細數，甚至希望對方變成我們喜歡的樣貌，強摘玫瑰的人，最終時間只會換來花心的枯萎。

學會覺察自身的沒安全感，享受一段關係中，不確定、變動的過程，同時學會無條件地欣賞你愛的人，尊重最原本的他。

在一起的時候，理解彼此都是獨立的個體，沒有人應該為誰而活。

不適合，或是對方已變心的時候，那麼，學會放手，讓對方也能夠成為他自己那朵盛開的玫瑰，這樣不也是一種愛的展現？

畢竟談感情最重要的，永遠是「尊重」，還有「互相」，就像好吃的炒飯一樣，粒粒分明，與食材搭配共融般的那分口感，歷久彌新。

• 婚姻真的只是一張紙嗎？

婚姻絕不僅僅是愛情的表現，它更代表了承諾和責任。隨著時代的變遷，我們這一代對婚姻的看法已與上一代有所不同。所以問題來了：婚姻真的只是一張紙嗎？如果沒有這分法律羈絆，會不會讓人感到更加自由、不受束縛？

如果我們看看同性婚姻，那份文件對他們來說意義重大。這證明婚姻制度認證對於某些人或群體的確是具有深遠的意義。從法律角度，這樣的文件又帶有什麼重要性呢？

其實，法律上給予婚姻的義務和權益都是清楚界定的。但在很多情況下，人們更在乎的是社會和心理的認同。例如，結婚不只是尋求自我或伴侶的認同，更多時候是希望得到他人的祝福。這就是為什麼有「婚禮」這一傳統。婚禮的形式在不同時期有所變化，從過去的儀式婚到現在的登記婚。而現在很多人選擇登記婚，可能不再看重儀式的重要性，更多地看待婚姻為一份合約。

在感情的世界裡，每一段關係都有其背後的故事，外界很難完全理解。我曾見過一對表面看來經常爭吵的夫妻，甚至有時吵到需要救護車出動。但對他們來說，這激烈的情感交流也許就是他們愛的方式。

另外，我也認識一位有三個孩子的女士，她選擇與一位比她小十歲、偶爾會對她施暴的男子在一起。很難理解，但對她來說，這也是愛情的一部分。

再者，有位國道警官因為工作關係經常不在家，讓他的婚姻面臨考驗。由於工作使他與夫人的感情疏遠，加上性格不合，這成了他們思考離婚的主要原因。

著名心理學家史登伯格（Robert J. Sternberg）認為，愛情由三個核心元素構成：承諾、激情和親密。其中，親密性是建立在深層的情感連結和理解上，它是感情的基石。而激情會有起伏，但親密永遠是最核心的部分。正如之前提到的警察案例，由於缺乏深度的心靈交流，他們的婚姻關係出現了裂痕。

婚姻是複雜的，每對夫妻的故事都是獨特的。有些夫妻即使年紀大了，仍然堅守著對彼此的承諾，認為夫妻是一輩子的伴侶。然而，也有些人選擇分開，這不僅僅是年輕人的選擇。有時，夫妻離婚後，他們之間的關係反而變得更加親密。

從人類歷史和文化的演變來看，婚姻的模式一直在變化。從生物學的角度來看，早期的人類社會並不完全是基於一夫一妻的制度。歷史上，經歷了多種婚姻模式，從一夫多妻到母系社會，這使得婚姻的真正意義成為一個深奧的哲學問題。

年輕時，我們的生活充滿了浪漫和冒險，例如約會和探索。但當我們決定結婚時，我們真的理解婚姻意味著什麼嗎？它真的只是一張合法的文件，還是意味著更多？這值得好好深思。

在婚姻諮詢中，筆者發現一對夫妻在了解彼此內在真實的時刻，他們的反應決定了後續的婚姻走向；一位妻子了解丈夫和自己的不同之後，脫口而出說：「原來他不是故意搞我！原來他是天生的！」而另一位丈夫在得知夫妻倆的差異後，直覺反應是：「那她可以怎麼改？」在了解彼此後，雖然感到驚訝，但仍能接納彼此的差異而反思自我的關係，就有了繼續前進的可能。反之，即使知道彼此差異，仍執著於對方改不改變，把焦點放在反省對方的身上，確實窒礙難行。

總之，離婚對每個人都有不同的意義。對一些人來說，它是一次解脫，而對另一些人來說，它可能是一分深深的遺憾。但不

論結果如何，最重要的是，每個人都能找到屬於自己的幸福之路。

• 在婚姻中要有保護自己的意識

有位女性當事人，她結婚後因為不再工作，和社會的經濟活動失聯一段時間，現在再重新回去上班能回到婚前的收入水準嗎？說實話，機會不大。當兩人相愛時，通常想要什麼就會得到什麼。但如果對方不再愛你了，你想要的大概得不到。

舉個例子，假如一家有兩個女孩，一個讀國中，一個小學。當夫妻離婚，父母雙方都想要爭取監護權時，大部分的情況下，媽媽的機會會大些，因為通常都是她在照顧孩子。但問題來了，很多母親想爭取監護權，但是婚後沒有上班沒有經濟能力，她要怎麼支應孩子的教育費用？就算請對方出教育費用，不是想要多少就有多少，法院一般會參考行政院主計處每月的平均消費支出，最後再看雙方收入各自是多少來判決。

所以，怎麼在婚姻中保護自己是一個非常重要的議題。在婚姻幸福美好的時光中，建議提早考慮這些可能的問題。當然，大家不會結婚就想著要離婚，所以很少人會登記分別財產制。但你知道嗎？有些大明星或成功的企業家會這麼做，因為他們更深入地考慮資產規劃。

也有案例是，男方在結婚後帶著妻子去登記分別財產制，騙女方說這樣比較安全。但最後還是要女方出錢買房，卻把房子登記在男方名下。所以說，在婚姻中要真正保護自己，不僅僅是事後法律手段，還要有自保的意識和預防觀念。

60 years of

60 歲
跨越歲數的職場障礙，
退休邊緣的不如意
— 人生規劃、心理

　　鄭先生，一位即將屆滿六十歲的公司主管，在他的職業生涯中，成就斐然，被眾人景仰。但隨著年紀增長，他開始體會到生活中的不如意：上司開始質疑他的決策，甚至似乎有意讓他提前退休。

　　在公司的年終聚餐上，鄭先生突然發現，自己坐在最邊緣的位置，那些曾經和他一起戰鬥的同事，如今都已退休或離職，取而代之的是一群充滿活力的年輕人。他感到有些孤獨，開始懷疑自己是否還適合留在這個位置。

　　他要開始準備退休，又或者繼續工作呢？

為何持續工作能帶來更多生活質感？

當我們到達六十歲，退休可能正在眼前，可能我們的年收入已經開始下滑。有些人可能已經面臨著老闆削減薪水的困境，或者甚至已經走上了退休之路，這意味著收入持續減少。在這個階段，應該如何在財務方面做出最佳的應對策略呢？

在六十歲這個年齡，我們的一個重要目標應該是盡可能延長自己的職業生涯，讓自己可以繼續留在職場。因為不論創造出多少的投資收益或是被動收入，也不要輕易地放棄創造工作收入的能力，因為天有不測風雲，沒有人知道未來到底會如何，所以儲備各種多元收入管道至關重要。不論發生任何事，即使面對天大的困難，你會發現當自己還是能工作賺錢，還是能透過「自己」創造收入來源，將讓你對未來美好的人生帶來莫大的底氣與信心。

關於中高齡就業，必須具備三個重要觀點：

首先，**只有工作到老，我們才有可能活得健康而長壽。**

其次，**我們需要工作到老，以便有足夠的錢來度過晚年。**

最後，**我們應該考慮如何轉型，使自己能夠繼續工作到老。**

• 保持活力的祕密：工作能使人青春永駐

「工作到老才可以健康活到老」的核心概念是，86%的人並不希望重蹈自己父母的晚年生活。

原因在於，他們認為父母的老年生活有五個不愉快的地方：

一是**缺乏興趣愛好**。

二是**持續的疾病導致家庭氛圍低落**。

三是**過度依賴家人**。

四是**過於封閉，不願意出門**。

五是**過於空閒，導致過度關注甚至介入子女的生活**。

這種情況的出現對我們的生活有何影響呢？當父母的生活狀態如此時，他們所期待的幸福老年生活，是希望子女能群聚在他們身邊，但其實很可能變成不可能的事情。因為子女並不喜歡與這樣的父母同住。所以，為了解決這個問題，最好的方法是讓父母繼續工作。

因為有了工作，他們就必須要出門，注重外表，學習新事物，並將他們的注意力轉向其他事情，而不是一直掛念著家庭和子女。這樣，他們的生活就會充滿活力和新鮮話題，這樣的父母，即使已經年逾古稀，子女也會樂於接觸和親近他們。

有工作的人生活圈會更大，如果父母沒有工作，可能會在家閒坐，甚至可能導致夫妻之間的緊張和摩擦。他們可能從管理公司的角色，轉為在家中管理所有的事情，這導致家庭糾紛不斷。或者說，沒有工作的他們可能會整天在家看電視，不再有生活的熱情和動力，因為過去是工作狂，一旦失去工作，他們的生活就失去了重心。這樣的生活模式會使人迅速失去活力，甚至可能導致提早衰老和失智。

所以，工作實際上是一種非常有效的延緩衰老的方式。這裡

的關鍵不僅僅是賺錢，更重要的是防止衰老。工作能使人保持健康、活力充沛，使大腦保持活躍，反應敏捷，這都是無法估量的價值。至少，這能證明一點，我們的生活並不需要依賴別人。我們最害怕的是老年疾病和生活不能自理，而工作可以充分證明我們能夠照顧好自己的生活。所以，讓我們將工作視為一種生活方式，一種延緩衰老、保持活力的方式，並以此作為我們晚年生活的方向吧！

• 工作到老的意義：經濟與情感的雙重保障

對於「需要工作到老，以便有足夠的錢」，我想提出兩項關鍵的要素：經濟安全及豐富的社交網絡。

如果你六十五歲退休，而你為自己準備的退休金只夠支持生活十年，那麼，到了七十五歲你就會面臨財務困境。但是，如果你在六十五歲到七十五歲這十年間仍然繼續工作，那麼這段時間的收入不但可以為你的生活費用提供保障，還有可能讓你儲蓄更多的錢。這種方式不但可以減輕你對退休金不足的焦慮，也可以讓你有更長的時間享受自己的生活。

而無論年紀多大，朋友一直都是我們生活中的重要角色。他們提供我們情感的支持，幫助我們度過生活中的起起落落。尤其是在老年生活中，朋友的存在可以讓我們感到充實和快樂。

因此，我們不應該將工作看作是一種壓力，而是看作一種機會，讓我們可以持續保持活力，繼續賺錢，並且與人建立聯繫。當我們的生活不再受到經濟壓力的影響，工作就會變得更加愉快。在這種情況下，工作將不再僅僅是為了賺錢，而是出於我們的興趣和熱情，為了我們的健康和滿足感。所以，我們應該積極

地看待工作，並在其中找到快樂和滿足感。

• 經驗的力量：做到老是最好的投資

當我們在職場上有過一段光輝的歷程，可能是位居中高階主管，或每月薪水十幾萬以上。那時的我們確實是風光無限。但是，當我們離開那個位置，一段時間後再次回到職場，可能只能接受一些較低階的工作，例如服務員。這時，自尊心和驕傲可能會受到打擊，感覺像是丟臉或降低身分。

在電影《高年級實習生》中，主角曾是一家公司的副總裁，但由於公司倒閉，他選擇了退休。然後在因緣巧合中，他加入了另一家新公司擔任實習生。起初，他的角色可能很低微，但他的豐富經驗和智慧卻讓他在新公司立下了汗馬功勞，得到了上司和同事的認可。

所以，當我們重新進入職場，不應該過於拘泥於以前的光環。更何況，當我們到了六、七十歲，財務負擔相對較輕，最主要的是保持身心健康、有生活的目標和感覺自己被需要。

• 生命中的終生學習：學無止境，工作不打烊

學習是終生的旅程。當我們年紀增長，身體可能開始衰老，但我們的大腦仍然可以運作。事實上，腦部老化比身體老化更可怕，因為它影響我們的判斷和決策能力，進而影響我們的財務和生活。所以，持續學習，保持大腦活躍是非常重要的。

對於中高齡的人群，我建議可以考慮從事兩種工作。第一種

是顧問型工作，它不需要太多的體力，更注重於經驗和知識的分享；另一種是金融相關的工作，它能夠幫助我們學習理財知識，以避免被騙或作出錯誤的投資決策。

總之，中高齡的轉職者應該選擇不需要過多體力、可以運用人生經驗，並能夠學習金融知識的工作。這是中高齡在這階段的最佳選擇。

遇到不如意，華人往往苦在心裡口難開

人生不如意事，十之八九，在屆齡退休時更是這樣，不管是發現身體狀況變差，或者屆齡退休但工作不順遂，都是如此。

在心理輔導過程中，我常常遇到如下的典型個案：

當個案在知名企業遭遇裁員，失去了工作，他選擇隱瞞這個事實，每天偽裝自己還在正常上班。但壓抑的心情和沉重的家庭氛圍，讓他沉迷於酒精，夫妻關係也日益疏遠。終於有一天，他在酒後情緒失控中坦白了一切。不難發現，在許多家庭裡，這種避免傷害所愛之人的方式是如此普遍。

回想那些年，我們還是孩子的時候，在工作或情感上遭遇挫折時，會選擇對家人隱瞞不愉快的事情，只分享那些正面、成功的經歷。進一步思考，我們在學校發生任何事情，好的事情會毫不吝嗇的分享，但當遇到挫敗或懲罰時，通常選擇保持沉默。為什麼我們會這麼做呢？

當六十歲的門檻越過，華人男性的生命景觀似乎顯得更為獨特。生於傳統文化背景下，這些男性似乎對情感的表露和情緒的

覺察遠比女性陌生。女性朋友間談天，情感洋溢。然而，男性朋友聚首時，多是談論政治、經濟或社會時事，那深埋心中的情感，卻少有機會得到宣洩。

在許多人眼中，男人有一種與生俱來的本質，也就是戰鬥。這種本質使他們對於表露自己的脆弱感到害怕，因為在戰鬥中，脆弱就意味著危險。然而，這種文化背景和生物性的結合，使得他們經常活在角色期待中，似乎失去了真實的自我。

多數的華人男性長輩，常活在一個又一個的「應該」之中，無論是家庭、工作，還是社會角色，他們似乎永遠被框住，成為某個頭銜、某種身分的代表，而忘記了自己真正的情感和需求。那些被社會、家庭賦予的標籤，讓他們在退休後感受到前所未有的失落，原本用以定義自我的身分和頭銜不再存在。

工作的角色消失、日常的互動模式破裂、原先的頭銜不再能提供自尊和認同感，加上長久以來對情感的壓抑，使得這些男性在面對家庭時，常常顯得力不從心，與孩子、太太的真正互動遙遙無期。

家，理應是我們的避風港，一個我們可以暫時拋下面具、真實面對自己的地方。但當我們感到難過、受傷時，真的能夠在家中暢所欲言，展露真實的自己嗎？還是我們需要靠著酒精，來找到一個可以暢所欲言的空間，之後再把一切都歸咎於「喝醉」呢？

心理學家榮格（Carl Gustav Jung）曾說，人們經常會壓抑他們不想面對的「陰影」部分。當這些被壓抑的情感積壓到一定程度時，它會像打地鼠一樣，在最意想不到的地方冒出來。選擇只分享好消息，實際上可能是我們試圖避免這些陰影的一種方式。

但是，光明的背後總是伴隨著陰影。當我們勇敢面對生命中的這些陰暗面時，不僅可以找到內在的力量，還可以避免造成內心的混亂和關係的疏遠。

想像一下，當你因為工作的失敗而心情低落，你可能不想讓家人擔心，選擇一個人獨自承受所有的壓力。但當壓力達到一個無法承受的地步，你終於向家人傾訴，你會發現他們會給你最大的支持和理解。

再或者，當家中有人面臨死亡的威脅，家人之間可能會選擇逃避現實，偽裝一切都還好。但真正的愛和理解，是勇敢地面對這些困難，共同承擔和治療家中的「傷口」。

因此，當你下次面對挑戰或困難時，你還會選擇只分享好消息嗎？或者繼續選擇沈默？想了解更多溝通與心理調適的方法，可掃描下方 QR 碼參閱。

屆齡退休，探索自己內心需求的好時機

退休之後的生活對於人們來說，就如同從加法人生跳躍到減法人生，從不斷累積到面對剝奪，這無疑是一個巨大的心理挑戰。那些原先給予他們自尊和安全感的東西似乎被逐一拿走，他們的心裡充滿了失落感和不安。

一旦失去那熟悉的社會角色，一些長輩可能會選擇一些極端的方式來找回那種掌握感。例如，有些人可能選擇深陷於不健康的性關係中，以此作為一種自我認同和自尊的來源，即便那是虛假的；他們可能會攻擊後輩、批評他人，只為了獲得一絲權力感、歸屬感和自尊感。

面對這種轉變，那些在五十歲時就開始尋找自我和情感連結的人，退休後可能會適應得更好。然而，對於那些沒有作好心理準備的人來說，可能會感到非常迷茫和困惑，甚至可能會產生一些不良的行為。

當一個人在他的生命中一直未曾面對某些問題，未曾對某事投入心力去建構，那麼當這些東西突然消失時，他可能會感到迷茫和失落。這就好比一個人到了五十歲時才突然意識到自己與父母之間的關係。他會意識到，不僅自己，連父母也都是不完美的人。這正是一個絕佳的時機，讓人去探索自己真正的身分，了解自己的核心價值。

當人到了五十歲，大多數的時間都是自己的，不再被孩子的需求所捆綁。在這段時間，他可以學習和獲得心靈成長，反思自己的人生旅程，挖掘自己的本質，而不是讓外在的頭銜或成就來定義自己。很多人都是透過他們所做的事情來界定自己，而非肯定他們真正的本質。

然而，當人到了六十歲，生活節奏將會有所改變。這是一個由忙於照顧他人轉為被照顧的時期。這也是一個反思的時機，思考過去的人生都為了什麼而忙碌，回到自我內心，重新找回自己的焦點。因為在這階段的生活，很多事物，無論是體力、健康還是財務，似乎都在不斷減少。人也可能對失去的青春感到遺憾。

但五、六十歲這個階段其實也是一個絕佳的時機，讓人能夠

再次活出自己。在這個年紀，人不再受到社會和家庭的壓力，可以自由地探索和追求自己真正想要的生活。如果過去的生活並不如意，那麼這正是了解和重新定義自己的好時機。

總之，當一個人到了這個年齡，他應該探索自己內心的需求，了解自己真正的身分和價值，然後照著這些指引去生活。如果在過去的生活中，未能真正地為自己活著，那麼現在就是一個重新開始的好時機，期許能走向「從心所欲不逾矩」，越自律、越自由。

邁向退休生活，如何繪製你的人生新篇章？

• 退休，不只是遊山玩水

想像一下，六十歲後的你，可能已經準備踏入退休的生活。有人可能早在五十歲就已經退休，這就是我們所說的「準備退休期」。

多數人一想到退休，可能就是想到好好地遊山玩水、享受生活。但這想法，真的太天真了。因為，你可能沒想到，退休後的你，或許還要活得比工作時期還長呢！想想看，工作二十五年後退休，應該還能再活三十年以上，是吧？

退休後的你不大可能一直玩上三十年，對吧？事實上，根據統計，大概一個月，你就已經玩得差不多了。能玩到三個月的，算是很有毅力；能玩到六個月的，就是個超人了。

但你真的玩了半年，回來後，可能會感到空虛極了。比如說，有人提議去合歡山賞雪，你可能會想：「我阿爾卑斯山都去

過了，還去合歡山幹嘛？」或者，有人說去打高爾夫球，你可能會想：「我世界第一座的聖安德魯斯高爾夫球場都去打過了，我還去打什麼高爾夫球？」

這種狀態，會讓你對許多事情失去興趣，而失智症的前期症狀就是會漸漸對事物失去興趣，越來越不想與人交流。

所以，如果我們能在五十歲、五十五歲的時候，不論是作為企業員工、老闆，或是個人，都要找到一個真正的方向。退休去玩，其實只是其中一個選項，而且占比是相對較低的。

大部分的時間，你還是要「生活」，這段生活要怎麼過得精彩呢？這就像重新找回人生的目標。

所以，退休後，不是開始「享清福」，而是開始尋找新的「人生價值」。不是告訴你應該去做什麼，而是問你：「退休後，你想怎麼讓自己繼續有價值，甚至更有價值？」

這是一個重新定義自己和生活的重要階段。請花點時間，回答下面的問題，相信它能幫助你規劃這段新的旅程。

• 你的退休生活想要怎麼過

許多人認為退休就是終日閒晃、旅遊和享受悠閒時光。但這樣的生活真的能長久滿足你嗎？想想看：

・你想像中的退休生活是什麼樣子？

・在退休後的大量自由時間中，你希望投入到什麼活動或目標中？

・你是否想尋找一個可以讓自己感到充實和有成就感的事業或嗜好？

・不僅僅是生活的基本需求

許多人將退休視為一個長假，但長時間的休閒也可能讓人感到空虛。馬斯洛（Abraham H. Maslow）的需求理論提到，人的需求不僅僅是生理和安全，還有更高層次的需求，如尊嚴和自我實現。退休生活是否可以是追求更高層次需求的重要時期呢？

・你有什麼特殊的興趣或夢想，是在退休後想實現的嗎？
・有什麼是你年輕時想做但未曾嘗試的事，而現在有機會可以去追求的嗎？
・退休後，你想如何為社會貢獻自己的一分力量呢？

・理財規劃：未雨綢繆

退休需要一定的經濟基礎。九十歲的預期壽命意味著，退休金需要能夠支持你至少三十年的生活。

・你有設立退休金的目標金額嗎？
・你的退休金計畫是從何時開始的？

・保持身心健康：活力的源泉

健康是享受美好退休生活的基石。運動和良好的飲食習慣對於保持身心健康至關重要。

- 你有固定的運動習慣嗎？
- 你如何確保自己的飲食健康和均衡？

• 社群連結：不是一個人的退休生活

退休後，工作場所的社交圈可能會減少，這時建立其他社交圈便顯得尤為重要。

- 你想像中的退休社交生活是什麼樣的？是否與家人、老朋友或新朋友共度時光？
- 有沒有想過加入一些社團或志工團體，透過服務他人來豐富自己的生活？

• 重新定義「工作」：探索職涯的第二春

對許多人來說，退休不再意味著完全停下工作。它可以是一個新職涯的開始，或是實現長期夢想的契機。

- 你是否有想過在退休後開始一個全新的職業生涯，或創業？
- 如果有，這個新開始會是什麼？它如何與你過去的經歷和興趣相連接？

總之，退休生活可以是一段充滿機會和可能性的旅程。它是你人生的新篇章，一個重新發現自己、實現夢想和深入探索的時期。重要的是，現在就開始思考和規劃，這樣當退休的日子真正到來時，你將更有信心和準備，去迎接一個充滿活力和意義的未來。

62 years of

62 歲
即將退休，
該怎麼規劃自己的退休金？
— 財務、長照

　　當城市的燈火開始暖黃地照亮時，陳先生走在回家的小徑上，心中充滿了複雜的情緒。六十二歲，這個看似普通的年紀，對他而言卻意義重大。再過一個月，他將正式跟他服務了數十年的公司說再見。那家公司，陪伴他經歷了青春的起落，也是他拼搏的象徵。但，退休意味著什麼呢？

　　他站在河畔，河水波瀾不驚，平靜地映照著夜空。一生奔波，陳先生突然覺得自己宛若這條河般，經歷了風雨，但終究還是向前流淌。他回想起自己的過去，賺取的每一分退休金背後都有著一段故事。但退休之後，這筆金錢將怎麼用，又將開啟他什麼樣的新人生？

　　突然間，他想起了年少時的夢想，那時候的他，有多少瘋狂的念頭，有多少未完成的願望。也許，這筆退休金不只是為了度過餘生，而是可以幫他找回失去的自己，完成未完成的旅程。

　　當夜風輕輕吹過，陳先生感受到一股前所未有的興奮。他決定要好好規劃，讓這筆退休金不只是安定他的生活，還能讓他重新體驗生命中遺失的熱情。

退休金大解密：精準規劃，迎接無憂退休生活

當鐘聲敲響六十二歲的時刻，即將踏入退休的大門，我們心中充滿了期待和忐忑。對於這即將到來的時刻，有一個問題似乎困擾了每個人，那就是「那筆退休金該如何規劃？」

事實上，退休金的規劃和使用可謂是一門學問。首先，要準備足夠的退休金。而「足夠」這個詞背後所承載的，其實有著一定的邏輯。

過去，很多人在預計自己退休後所需的金額時，很容易走進第一個誤區。他們誤以為退休後每月開銷只需一萬或兩萬元即可過活。但實際上，經過中國信託銀行的調查，退休後的月開銷其實介於 4 萬至 10 萬之間，這取決於各人的健康狀態與生活品質。換句話說，退休生活的費用可能與年輕時的花費相差無幾。

另外，當提及「家庭」，這個單位可能是一個人，或是兩個人。但不論是哪種情況，一定要考量的是健康狀況。擁有健康的生活是最好不過的，但當健康受到威脅，醫療費用便會成為一大支出。再者，人情世故、休閒娛樂也都需要金錢作為支撐。

第二個誤區，是對於自己的壽命估計過短。儘管許多人認為自己不會活得太久，但現代醫學進展使得人類的平均壽命不斷上升。你可能會比你預想的活得還要久，因此要作好活到九十歲甚至一百歲的打算。

再來是第三個誤區，也就是很多人沒有考量到老年時可能會有的不健康時光。例如，在九十五歲之前的三十年間，有可能有高達十年的時間是臥病在床，而這段期間的花費遠比平常高。

因此，退休金的核心問題，其實是如何保持健康，並延長健康的時間？如何在退休後仍能有工作收入，使每月的支出得以緩解？

　　如果我們站在能持續工作，並持續維護健康的角度來考慮，盡量減少生活不可自理的時間，那麼我們所需準備的退休金金額便能大幅降低。

　　總之，退休不只是結束工作的開始，更是開啟另一個人生階段的序幕。如何智慧地規劃和運用退休金，將是每個人都必須面對的課題。

• 邁向退休之路，如何智慧地累積與運用退休金

　　當我們談及退休準備金，這是個相當大的議題，但是在此將以淺顯的方式來作說明。

　　首先，想像一下，你每月需要花費 4 萬元來支持自己的生活，而且這種支出要持續三十年。到了最後十年，你的健康可能不如從前，月支出甚至會上升到 10 萬元。總結一下，你一個人可能需要 2160 萬元的退休金（4 萬×12 個月×20 年＋10 萬×12 個月×10 年）。如果是夫妻兩人，那這個金額就要翻倍，達到 4320 萬元。對許多人來說，這個金額聽起來可能是天文數字。通常夫妻兩人的退休金都是共同準備的，畢竟兩個人的生活是息息相關的。

　　但如果再深入研究一下，事情有可能變得不那麼嚴峻。假設你決定延後退休十年，從六十五歲工作到七十五歲，而在這十年內，不只平日生活所花的錢都是工作收入來支應，甚至假設最好的前題下，還能每月都能存下 2 萬元。那麼，你的退休準備金可

能會大幅減少，只需要 720 萬元（4 萬×12 個月×20 年－2 萬×12 個月×10 年）。這個金額和先前的 2160 萬元相比，相差近 3 倍。

這就是「足夠」的邏輯。退休金不一定要在你六十五歲那天全數準備好。這樣的想法會帶來巨大的壓力，就像是一場需要在終點前準備好所有資金的比賽。但實際上，我們可以分散這個壓力，讓它持續到七十五歲，甚至更久。這樣你就可以擴大存款的時間，將未來的支出推遲。

當我們談到投資和財務策劃，一種常見的建議是「退休金應該等於年薪的十五倍」。這只是一個基本的指導原則，真正的計算會更複雜。簡單來說，你真正需要的可能遠少於你預期。原因是你不需要一次準備退休後三十年的支出。由於投資的複利效應，你只需準備十五年的支出金額，這筆錢仍然有可能撐到三十年。

最後，投資工具的選擇也很重要。退休金可以投資在能夠長期產生穩定現金流的工具，如保單、優質債券或定存。這樣，不僅資金得到保存，還有可能獲得利息或回報，使你的退休生活更為寬裕。

總之，退休準備金的計算和管理是一門藝術和科學的結合，但透過正確的策略和工具，我們可以更有信心面對未來的挑戰。

若想更精準地計算退休金總額，透過正確的策略和工具產生穩定的現金流收益，可掃描下面 QR 碼，或登入網址「https://suyufong.com.tw」參閱。

關心則亂，如何預防詐騙是退休後重要議題

去年十二月六日的那天，我去孫女士家中幫她的丈夫換完尿管，正準備回家，但一通突如其來的電話改變了一切。

當她接起電話，電話那頭的是一位講臺語的中年男子。他神秘地問：「孫女士嗎？你是不是有位女兒，叫○○○？」孫女士困惑地回答：「我不太清楚，你是哪位？」接著男子說：「你女兒出了大事。她現在在我們手上，因為她把我們價值數百萬的毒品搞丟了。」

突然，電話中傳來了一位女子的哭喊聲。孫女士的心跳加速，那聲音與她女兒如出一轍。此時，我在旁，立刻意識到那是一起詐騙事件。我試圖告訴孫女士那是騙人的，但詐騙者聽到了我的聲音，問：「你旁邊還有人嗎？」我趕緊示意孫女士說那是電視的聲音，但孫女士已被驚恐籠罩，完全聽不進去我的話。

詐騙者要求孫女士用手機打給他，並留下了手機號碼。一切發生得太快，孫女士在驚慌中乖乖地照做了，甚至還留下自己私人的手機號碼。此時，我急忙使用手機聯繫孫女士的女兒，希望能夠確認她的安全。

沒想到兩位女兒手機都打不通。還好我突然想到可以用賴（Line）聯絡女兒，傳完之後她很快回應，她完全沒事，正在公司工作。我趕緊寫了一張字條告訴孫女士一切都好，那只是詐騙。但孫女士還是不敢相信，她堅持那哭聲是她女兒的。最後，我叫她的女兒打電話給我，讓孫女士聽到她的聲音，這才使她稍稍鎮定下來。

詐騙集團似乎特別針對那些弱勢或判斷力較差的人下手。尤其是那些非常關心自己子女，但子女卻不在身邊的老人。我一直很好奇，詐騙集團是如何得知她兩位女兒都不在身邊的？當時，一位女兒正在日本，另一位正在開會，兩人的手機都打不通。當我知道這是詐騙時，我嘗試說服她不要受騙，但她堅信自己的女兒正處於危險之中。最讓我感到震驚的是，如果那天我不在她家，她可能真的會傻傻地匯款過去。

　　近年來，臺灣的詐騙案件日益增多，特別是針對獨居、弱勢或長照中的失智症患者。我們長照的工作中見過不少這樣的個案。我的阿嬤也曾成為受害者，那時她尚未罹患失智症。那時，我們家有一部室內電話，她收到了一通詐騙電話，就被騙去了十幾萬元。

　　當我們發現後，立刻前往警察局報案。因為詐騙的錢是很難追回來的，警方為了不讓老人家因失去這筆錢而心情受影響，決定與我們合作，編造了一個故事告訴她：「幾天後，我們抓到了那名詐騙犯，並將錢追回來了。」從那之後，我們決定停用那部室內電話，以免再有類似事件發生。

　　這些案例提醒我們，在人最脆弱的時刻，我們的判斷力會大大降低，面對這種情況，我們必須更加警惕，防止這種事情發生，並時刻保護自己和家人。

63 years ol

63 歲
長孫的出生，
心靈上的資產也擴張了
─ 心理、家族傳承、道德

　　在城市的另一邊，六十三歲的陳先生，一位曾遊歷過世界各地、經歷過人生高低起伏的資深商人，正在家中獨自端著一杯香濃的烏龍茶，陶醉於午後的陽光中。他的生活，雖然充滿了許多豐富的回憶和極致的經歷，但在某個角落，總是有一個空缺。

　　而今，這個空缺即將被填滿。他的長孫即將出生。這個消息不僅給他帶來了新的生命和希望，更重要的是，這也賦予了他一種前所未有的心靈資產。他再次體會到生命的奧妙與家族的連結。他想到，雖然自己經歷過無數的風浪，但這一刻的感受，卻是之前從未體驗過的。

　　在這個特殊的日子，他不僅成為了一名祖父，更重要的是，他的內心也開始重新擴張和成長，像一塊沒有界限的心靈資產。他開始重新審視自己的一生，並期待著新的家族成員為這個大家庭帶來的無窮樂趣和驚喜。這一切，都因為那即將到來的新生命，為他的心靈打開了一扇全新的大門。

傳承不只是金錢，更重要的是精神力量

當我們踏入年輕的黃金時期，感受到生命中的能量和激情，很自然地，結婚和生子成了這時期的重要里程碑。我們常常會覺得，有了家庭和孩子，人生彷彿已經完整。但當世代逐漸延續，看著我們的孫兒出生的那一剎那，都會深深地感受到生命的魔力，即它不僅僅是當下，更是對未來的期待和承諾。這種延續生命的滿足，不再只是自我的存在，而是感知到一種超越自我的、更偉大的力量使然。

著名的心理學家艾瑞克森（Eric H. Erickson）曾說：到了六十五歲前，我們應該要完成的心理任務，便是「創造和傳承」。但如果此時，我們僅僅沉溺於自我的世界，不去學習、不去分享，那麼我們的人生可能會遺憾地像一張空白的答案卷。

傳承的意義並不只是血脈的延續。它更多的是精神的延續、知識的傳遞，以及對這個世界的正向影響。像是湧泉一般，這分傳承源源不絕地滋潤著我們的生活，也滋潤著那些被我們所影響的人的生活。

有一個很實際的例子，是在家庭活動中遇見的一個大家庭。那天，他們家族三代共同來參加企業活動日活動。活動中談到家中愛的流動，每個人都能說出自己期望被愛的具體方式，家人間的氣氛很融洽。

活動後，阿公主動來跟我們分享他是如何的感激自己的太太：首先，他拿出警察工作證說，自己經常在外執行勤務，過去太太經常要一個人帶著三個孩子，若有一個孩子生病了，也是要把三個孩子都帶去醫院。她為這個家和孩子們付出很多。此外，

太太還刻意營造擁抱的、肯定的教養環境，讓孩子富含滋潤地長大。這個家族因為太太的努力，全家都很開心。

我們也知道許多成功的企業家，都有很明確的家訓和家規，他們留下有價值的信仰或是價值觀，維繫家人之間的情感，也確保事業能夠得到傳承。《富比士》富豪排行觀察到其中有 25％ 都是猶太人，大家都以為成功是因為猶太人血統的精明、會做生意，實際上是「誠信」二字。

我們總認為，傳承的最好方式是透過血脈和事業。但其實，在這個世界上，有許多不起眼但極具影響力的傳承。廣為人知的德雷莎修女（Mather Teresa）的故事就是一例。再舉一個臺灣的例子：陳樹菊，原來一個臺東傳統市場賣菜的菜販，也能是一個慈善家，長年持續捐出賣菜所得做社會公益事業。她用自己的方式，證明了愛和善良同樣可以成為一種傳承。

當我們站在人生的這一階段，應該深思：我們想要留給後代的，不僅僅是物質財富，更重要的是什麼？

打造家族精神與標竿的定期家庭會議

• 不只是一場會議，也是家族共鳴的開始與終結

關於提到要打造家族精神與標竿時，有提到要舉辦定期的家庭會議，雖然在此階段提起，但這不只是在六十三歲時要開始的事，我的真正意圖是提醒大家家庭會議的重要性。事實上，從我們年輕時就應該積極推動家庭會議。有句臺語諺語形容家族間的關係變化：「一代親，兩代表，三代散光了」，這意味著當家族走到第三代時，關係可能已經變得十分疏遠。

回想我自己的經驗，當我還是孩提時，父母的話對我來說是絕對的。但隨著時間過去，當我已成家立業，擁有自己的孩子時，那種家長向孩子「一言堂」的溝通模式就不再適用。想像一下，當我們年紀逐漸增長，我們的孩子也都已是獨立的成人，甚至他們都有自己的孩子，這時我們還能像以前那樣單方面地給予指令嗎？

家庭會議不僅僅是一場會議，而是一個機會，一個讓每一代都能夠開放心扉、分享感受的平臺。它為家庭成員創建了一個平等的環境，不僅可以暢所欲言，更可以集體決策，使每個成員都感受到自己的價值。

我深感，溝通的模式需要與時俱進。以我父親為例，他從我年少到現在，與我之間的溝通方式一直沒有改變。當我還是學生時，我會乖乖地聽他的話。但當我走入社會、有了自己的家庭之後，我希望他能認識到我的變化，認識到我也有自己的想法和立場。

最後，我想說，家庭的關係絕不應該是單方向的、上層對下層的指令傳遞。如果家庭成員感覺自己只是被動地接受指令，他們可能不會真心地關心家庭的需求。畢竟，家是需要每位成員共同維護和照顧的地方。

• 家庭會議的祕訣與策略，凝聚家族每一分每一秒

當我們談論家庭會議時，有三個重要的環節必須強調。這三個環節有助於鞏固家庭的凝聚力，讓每位家庭成員都感到被重視和被尊重。

首先，每次家庭會議的開始，我們應該有一個「感恩環節」。在這個環節中，每位家庭成員都應該表達對其他成員的感謝之情。這並不是要硬性指出某人做了什麼好事，而是要真摯地表達自己對家人的珍惜。因為很多時候，我們可能會因為生活的忙碌而忽略了家人的付出和努力，把他們的善舉視為理所當然。透過這個環節，我們學習看到並感謝家人的付出。

　　第二個環節是「分享喜悅」。這是一個讓家庭成員談論自己生活中快樂和值得慶祝的事情的時間。每個人都會有自己的喜悅和開心的時刻，透過分享，可以更加了解彼此，知道家人關心的事物和他們的喜好。

　　最後，「主題討論與意見反饋」是第三個重要的環節。可以設定針對某一個主題深入討論，已取得整體共識以利家庭全員合力推動，也是可以讓家庭成員提出家庭中可能存在的問題，並集思廣益尋找解決方案的時間。無論是健康問題、經濟困難，還是生活上的小困擾，只要是家庭成員共同面對的事情，都可以放到這個環節來討論。

　　重要的是，這三個環節需要一位主持人來引導。主持人的角色非常重要，他需要確保會議進行得有秩序，讓每個人都有發言的機會。當然，家庭成員可以輪流擔任主持人，這樣每個人都有機會學習如何引導會議。

　　總之，家庭會議不僅是解決問題的好方法，更是鞏固家庭凝聚力和提高彼此了解的重要手段。讓我們珍惜這些珍貴的時光，與家人共同成長。

• 家庭的力量，如何通過定期會議鞏固親情？

在一個大家庭中，當涉及多代成員時，要開個家庭會議真的不是件容易的事。每代人的想法、興趣和生活經歷都有所不同，這常常使得溝通成為一大挑戰。

想像一下，當阿公和小孫子坐在同一桌時，他們能共同討論的話題可能並不多。不是說他們不想分享，而是他們的生活焦點不同。阿公可能關心的是退休後的生活，而小孫子則關心學校的活動或玩伴。當然，他們可以分享家中的美好時光和對彼此的感激，但如果要討論家庭的具體問題，這兩代人可能會遇到困難。

或許你也有過這種感覺：當家中的大人們在討論重要事宜，作為年輕一代的你只能在一旁聽，難以參與或提供意見。因為有些事情似乎更適合由有經驗的長輩來決定。

這就是為什麼我提議應該開家庭會議的成員不要超過二代，每二代各自開各自的家庭會議。這種方法不僅使得每二代人之間都能更自由地表達自己的想法，而且還能確保大家的需求都得到滿足。

• 超越傳統，讓家庭會議為成為新傳統

家庭會議不只是一個解決問題的場所，它更是一個加強家庭凝聚力的平臺。當你從小就習慣於參與家庭會議，這會使你更珍視家庭的重要性。當你年紀漸長就會發現，這種家庭會議的習慣是如何幫助你與家人維持深厚的關係，使得大家可以共同承擔家庭的責任。

而這正是許多父母所期望的。他們希望，即使子女已經長大

成人，也能一起參與家庭事務，並不只是各自為政。當然，這並不意味著子女要完全承擔家庭的經濟責任，而是希望家庭成員能夠共同參與，共同面對問題。

從早期開始，如暑假的計畫或孩子想打工的事宜，家庭會議就能成為討論這些議題的好場所。這不僅能讓家庭成員養成共同參與的習慣，而且還能確保每個人都感到自己是這個家庭的一部分，並且受到家庭的支持和關心。

畢竟，知道自己在家中有一個位置，並能在這裡得到支持，這對每個人都是非常重要的。

• 連結家庭的橋樑，從月度會議開始

一個有條理且組織良好的家庭會議不僅可以幫助我們在各種議題上達成共識，而且還可以讓每位家庭成員都有參與和發言的機會。一個有效的家庭會議需要一位出色的主持人及一個明確的會議流程。另外，每月定期開會並將每次會議的結論和共識寫下來，以便能確保每個人都能清楚了解家庭的目標和策略，同時避免忘記曾經的討論和決定。

兒童，特別是二年級以上的學生，其實也可以參與這些家庭會議。當他們能夠在家庭會議中發表自己的見解，他們會感到自己是家庭的一部分，並且他們的意見也會受到尊重。有了家庭會議，他們不再是被動接受長輩決定，而是積極參與家庭事務的主體。

我們可以在家庭會議上討論各種議題，例如家庭旅行的規劃、誰該做什麼，甚至我們的孩子應該如何分擔家事。這不僅會教導他們負責任，還會讓他們了解，當我們想要某些東西時，我們需要為此付出相應的代價。

家庭會議也可以幫助我們的孩子理解父母的辛苦。通常情況下，我們都期望我們的孩子可以在無憂無慮的童年中快樂成長。然而，他們也需要明白，父母需要為維持家庭而忙碌。例如，當我們一家人出去玩時，父母的負擔其實是最大的。我們需要駕駛，照顧每個人，甚至可能比平時還要更累。因此，我們需要孩子們以積極的行為回應我們的付出，並讓我們覺得為了他們而付出是值得的。

總的來說，我們希望能夠透過家庭會議，將我們的價值觀傳承給下一代。希望他們能理解，成為一個負責任的人，尊重他人，並願意為自己想要的東西付出代價，是我們作為一個家庭的基本價值觀。而這一切，都可以從家庭會議中學到。

若進一步想知道如何召開家庭會議，撰寫保證婚姻幸福的婚姻協議書，請掃描下方 QR 碼，或登入網址「https://suyufong.com.tw」參閱。

被忽略的道德

五十歲以後到六十五歲之間，我們可能會面臨中年轉職、離職照顧父母、離婚、退休、退休金規劃、孫子出生、父母往生、健康、更年期、養老等問題。不過在所有問題之中，最常被忽略的是培育下一代「道德」的教育問題。

近代全球受到美國文化影響，尤其是在不知不覺中接受美國電影、影集、動畫、音樂、奢侈品中透露的思想，導致個人主義風行。體現到生活中，就是注重自身的感受、追求自身的愉悅和快樂、強調吃喝玩樂、刺激名目經濟發展。因為過分強調個人，所以美國的離婚率居高不下，據近年統計，美國平均每六秒就有一個離婚事件。這麼龐大的離婚數量，無疑會導致許多家庭問題，更進一步產生各種巨大的社會問題。

　　但由於個人主義風行全球，所以高離婚率不是美國獨有的現象，近年臺灣更是已經成為離婚率最高的亞洲國家，而很明顯地，臺灣的社會問題也愈來愈多。

　　當太注重自身的感受時，容易有「我的感受大於一切」的情況發生，從而忽略了別人的感受。這就好像是身患重病的病人，只感受到自己的痛苦，而忽略了照顧他的人的感受。這種只專注在自己的感受，而忽略他人感受的情況，不只是會發生在居家照顧、長照的情境下，更常發生在與家人、朋友、同事的相處之中。

　　在「我的感受大於一切」的背後，其實有著渴望得到他人了解、尊重和被他人接受的心情。而這其實也是強調個人主義、太注重自身感受時，最容易被忽略的事：要別人了解、尊重和接受自己，但自己不願意去了解、尊重、接受別人。

　　因此，近代在個人主義風潮之下，社會人愈來愈不互相了解、愈來愈寂寞空虛、愈來愈追求物質享受、愈來愈沒有道德。

　　相對於個人主義的利己，中華文化著重的是利他，也就是道德。

　　道跟德要分開來理解。

天命之謂性，率（發音：碩）性之謂道。

在天曰命，在人曰性，在身曰心。

道，就是遵循本性。而人心就是人的本性，人的本性就是天命。天命是什麼呢？使萬物生生不息。所以，人性本善，人心本善。道，強調的是心。

德，就是利他善行，而父母對孩子養育，更是不求回報的利他善行，所以反過來，孩子對父母的「孝」，也應是不求回報的利他善行，因此中華文化認為：百善孝為先。德，強調的是行。

更深入地說，「道德」其實就是「內求」的表現，一個會內求的人，表現出來就是有道德。有道德的人，深深了解自我，不受外在影響自我，願意去了解、尊重、接受他人，而不會要求、強迫他人改變，更不會有「我的感受大於一切」的情況發生，所以有道德的人內心豐盛，人人願意與之做朋友，誠可謂「德不孤，必有鄰」。

那麼如何增加道德呢？

雖然我們現在都講「道德」，但其實《道德經》原本是《德道經》，因為德、道兩篇順序與今本剛好相反，這體現了老子的思想是「先德後道」：先行善，後近道。為什麼呢？因為，德者，得也，無求的利他最終會令己有不求之得，所以叫「德道」。這也是為什麼中文講「得到」、「得道」都是同一個音，因為這些都是「德」而來的不求之得，而不是求得之得。

而要做到無求的利他，關鍵就在「內求」，求自己利他時，內心無私、不求外在的權名利，只求心安理得，發自內心地做、不受他人影響。

更關鍵的是，怎麼教育下一代道德？

修道之謂教，只有自己不斷修去自己的私欲、做好道德的榜樣，對孩子來說才是真正的教育，也是孩子真正的福氣。

• 被誤解的孝順

在個人主義的框架下，談到「孝順」，反而會被認為在挑戰個人的獨立性，似乎孝順會抹煞掉個人思想、壓抑個人的感受，甚至是喪失自由。對於現代人來說，最難過的關卡是會「覺得」當父母錯誤的時候，難不成還要順從父母？這豈不是害了父母嗎？甚至如果父母只是為了自己的感受而作出無理的要求，難不成還照做嗎？「孝順」似乎讓父母成為了無上的權威。

其實孝並不是上對下的要求。孝，要求的是自己。

談到孝順，不得不談論語。

《論語》子曰：「父在，觀其志；父沒（發音：莫），觀其行；三年無改於父之道，可謂孝矣。」

志，心之所主。

道是性善的、心善的，所以這裡的志，是從善心出發的志、利他的志。

所以當身為父母時，要注意自己的志，是利他還是利己。

孩子很容易會向父母學習「如何對待自己的父母。」而當孩子看到自己對待父母的好榜樣，最終你會得到的，很大可能就是

孩子也會這樣對待你，這就是德的回饋。

如果發現或者認為父母的志，是利己之志，那麼：

《論語》子曰：「事父母幾諫，見志不從，又敬不違，勞而不怨。」

幾，時機的機，又有微的意思。所以是找對的時機，委婉、不刺激地建議。

如果父母不接受，那我們要表示尊重，不需因為覺得自己勞心勞力而埋怨。

在個人主義之下，很容易會想：憑什麼對方做錯又不聽話，讓我們感覺不舒服，我們還要表示尊重並且不埋怨？

這裡的關鍵在於，我們是不是不求回報地建議？

如果是，那就是最善的德，無論對方如何反應，我們都不會感受不舒服。

如果是發自善心，但還是有私心，那麼雖然是德行，但當對方不領情或者強烈反對時，我們難免內心會受到影響、覺得有點不舒服。

這其實是修道的層次高低所致。

修道，就是修掉內心的私欲，往無私利他的境界邁進。

愈是無私，愈不受外界影響心境。

會有「憑什麼對方做錯又不聽話，讓我們感覺不舒服，我們還要表示尊重並且不埋怨？」的想法，其實正是因為將個人感受

置於一切之上，導致我們不自覺地去要求別人做到我們想要對方做的。

這時候也會產生另一個問題，如果我們可以做到這樣，那可不可以要求別人也做到？換句話說，我可不可以要求父母、親人、朋友、同事，不要要求我做到他們想要我做的？

如果會有這種想法，就表示其實自己依然把自己的感受置於一切之上，如果真的可以放下，那麼也不會去要求別人。

那麼是否意味著，我們都不能說出自己的想法和感受嗎？

當然可以說，只是也是要「找對時機、用對方法」說。

其實我們可以發現，如果人人都著重在自身的感受，要求別人先尊重自身的感受，而把別人的感受放在次要的地位，那麼很容易就產生爭執。

時下常見的情況是，年輕人在玩遊戲或做自己想做的事時，父母請年輕人幫忙，而年輕人為了玩遊戲或做自己想做的事而不幫忙，又或者，雖然幫忙，但很氣憤或碎碎唸，然後導致爭執。表面上可能是溝通問題，但本質上是缺乏道德。

一個有道德的人，有能力去深入地了解他人、找出他人真正的需求，因為可以把自我放下，真正設身處地的體會他人的感受。所以真正的孝順，並非是表面上的逢迎，而是真正的令人感到貼心。

因此「孝」是內求而來，不是從父母、社會的要求而來，本質是道德的一部分。

那麼「順」又是怎麼一回事？

順，其實就是順勢而為，當父母心中擁有定見，那就是有一個定勢。

而順之所以難，是因為人很容易想要盡快解決問題，沈不住氣所致。

其實任何的勢，都是「一鼓作氣，再而衰，三而竭」，所以先順其勢、避其鋒，等勢竭之後，再來扭轉。這就是道之心，德之「術」，所以人要有孝心，更要有順勢之術，而心術皆正，就像是種下好的種子，未來將有很大的機會結出好的果實。

因此，身為父母不是去要求孩子孝順，而是先內省自身有沒有孝順；身為孩子不是去要求父母改變，而是內求自己孝順。這才是孝順真正的內涵。

65 years of

65 歲
平均資產保有金額 10 年就用完
一 財務

　　在臺灣的一個安靜的小鎮，吳先生每天都在他的小庭院裡澆水，養花，享受著退休生活的寧靜時光。這個庭院，是他多年的辛勞積蓄所換來的。但隨著年歲的增長，體力不如往昔，吳先生開始發現身體的各種小毛病。原本節儉的他，突然發現自己的醫療費用不斷增加。

　　一天，他在和老朋友茶聊時，驚訝地發現他不是唯一面對這樣困境的人。大多數的朋友都提到，雖然他們已夠節儉，但醫療和長照的費用卻是他們最大的負擔。這讓原本安穩的退休生活，充滿了不確定性。

　　而在他們的對話中，更有一些震驚的事實浮現，那就是，據統計，一位退休者，如果沒有其他收入，平均資產保有的金額只能支撐他們十年。這意味著，在七十到八十歲之後，他們可能會面臨老後破產的危機。

　　如果不想坐以待斃，有什麼的方法處理這些可能危機呢？

資產活化的智慧：從死錢到活錢

當一個人步入六十五歲，往往需要開始將注意力轉向資產的活化和準備年金。所謂的「資產活化」，意指將我們的資產，無論是儲蓄的金錢或者是擁有的房地產，透過一定的方式，使其能夠產生更多的財富。然而，這個概念對許多人來說並非易事。

許多人擁有大量的資產，可能是積累的金錢或者是擁有的房地產，但這些資產卻並未活化，形同死錢。這裡的「死錢」指的是他們的資產，尤其是房地產，並未帶來任何的現金流入。有些人可能有大量的儲蓄，但這些資產卻並未被有效利用，產生的收益率遠低於理想。我們可以認為一個合理的總資產報酬率應該在5％左右。

比如說，如果你的總資產是 2000 萬元，那麼一年中，這筆資產應該能夠產生 5％、約 100 萬的現金流入。如果未達到這個報酬率，資產其實會被通膨侵蝕。許多人的資產中，房地產可能占了 1700 萬，但是這部分資產並沒有帶來任何收入。剩下的 300萬，如果只放在銀行定存，只能帶來 1％的收益，也就是 3 萬元。這樣算下來，總體的報酬率只有 0.15％，這樣的情況就像是坐吃山空，只能等待資金耗盡。

當 300 萬的資金快花光時，許多人可能會選擇賣掉房產，或者進行以房養老，也就是將房產打對折賣給銀行。但這樣做實際上相當於以低價出售房產。

如果選擇賣掉房產，雖然可以拿到 1700 萬元，但是因為還需要再找地方住，或者購買較便宜的房子，所以這 1700 萬並不全能用於退休過日子。最好的情況可能只能留下一半，最壞的情

況只能留下三成，也就是 510 萬元。在這種情況下，你生活的資金就只剩 510 萬，因為之前的 300 萬可能都已經花光，這就使得資產沒有被有效活化。

這種情況是許多人在退休時可能會遇到的問題。很容易讓人成為所謂的「下流老人」或「貧窮老人」。當遭遇預期之外的大筆開銷，例如疾病或失能，他們的資金將更快消耗殆盡。

日媒《黃金線上》（THE GOLD ONLINE）就曾經報導過一個真實案例，以為退休金夠花，結果物價漲太兇，導致老夫婦八十歲存款見底，因而過世後債留子孫。

六十五歲的太郎和六十歲的太太千里住在三十年前購買的住宅中，貸款已經繳交完畢，兩個孩子也都已經搬出家中。由於日本政府過去宣布，退休後只要有 2 千萬日圓就能安享天年，因此當太郎的退休金與存款達到 2 千萬日圓後，以為能和太太安心過日子，把 2 千萬日圓存進地方銀行，雖然利息極低，但他認為這樣更加保險。除了存款之外，夫婦每年還有 240 萬日圓（約新臺幣 52 萬元）的年金收入，相當於每月可領 20 萬日圓（約新臺幣 4.3 萬元）。這讓太郎更加認為沒必要冒風險進行投資。

然而，受到物價高漲影響，二人的 20 萬日圓年金，僅能打平每個月的生活費。除此之外，包括稅金在內，每年住宅的維持費就約要 20 萬日圓，再加上兒女紛紛結婚生子，兩人包出不少禮金。回過神來，太郎退休五年後，存款就僅剩下 1320 萬日圓（約新臺幣 289 萬元）。不僅如此，由於太郎的岳母高齡九十三歲，每年需要 12 萬日圓（約新臺幣 2.6 萬元）的長照費用，太郎與妻子也漸漸年邁，每年的醫療費達 12 萬至 14 萬日圓（約新臺幣 2.6 萬元至 3 萬元）。在太郎滿七十二歲前，2 千萬存款僅剩下不到一半。

太郎七十五歲時，房子開始漏水，只能斥資 2 百萬日圓（約新臺幣 43 萬元）重新裝修，並且開始縮衣節食。太郎滿八十歲後，夫妻每年約 14 萬日圓左右的醫療費與照護費，暴增到 57 萬日圓（約新臺幣 12 萬元）。添購照護用具和整修房屋等費用又花了 74 萬日圓（約新臺幣 16 萬元）。太郎八十二歲時，他的存款終於見底，只能跟孩子借錢。隨著時間流逝，兩人面臨龐大醫藥費、房屋修繕費、長照費用，以及死後的殯葬費，待兩人雙雙過世後，留給兒孫的只有一棟房子和 1500 萬日圓（約新臺幣 329 萬元）的債務。

從此案例就會發現，面對老年生活沒有做好資產活化是非常可怕的事，而資產活化的重點在於，你需要將資產放在能夠產生現金流的地方，例如，你可以選擇將房子出租，或者進行適度的借款和投資，使得房產內的資金能夠為你創造更多的財富。這是資產活化的關鍵邏輯。

• 房產活化法

如果你只有一棟房子，可能會覺得不具有使資產活化的條件。但事實上，即使只有一棟房子，你仍有多種方式可以活化這筆資產。

首先，你可以考慮隨著家庭人口的變化調整住房方式。例如，假設你的房子有三個房間，但隨著孩子長大離家，你和配偶可能只需要一間房間。此時，你可以考慮將另外的兩間房間出租。現在市場上有許多短期套房租屋的需求，你可以稍作裝修，將它們轉為獨立的分隔套房，提供給需要的租客。

另外，你也可以考慮賣掉這棟大房子，然後購買兩棟較小的

房子。這樣，你可以住在其中一間，並將另一間出租。這等於是用一棟房子的資金，換取兩棟房子的資產。

此外，若你的原始房子格局較大，你甚至可以考慮將整棟房子都出租，然後用這筆租金去支付你新購買的小房子的租金或房貸。這樣的方式不僅可以確保你有穩定的住所，還可以確保資產得到最大的活化。

• 以房養老法

近年來坊間推出的「以房養老」方案，也成為有殼族另類的資產運用方式。不過，此方案真的適合你嗎？

如果真的有一天，老年生活只剩房子沒有錢，相信不少人會開始認知思考去找銀行辦理以房養老的借貸方案，若可以避免，會建議不要透過銀行的以房養老方案，因為這就像把你的房子打對折賣給銀行。想想看，你繳了二、三十年的房貸，實際上付出的金額遠大於房子當初買的價格。然而，當你以房養老給銀行時，僅能拿回相當於房子一半價值的金額。加上升息的情況，可能會讓你每月拿到的錢更少。因此，整體效率真的很差。

誰適合以房養老呢？如果你想要無煩惱地每月固定領錢，或對投資的風險感到擔心，甚至害怕碰到詐騙，那麼傳統的以房養老或許適合你。另一種可能的情況是，你並不打算把房子留給子女，不論出於什麼原因，那麼以房養老可能是你的選擇。

• 借貸套利法

而在考慮到借貸套利方面，這是一種更為進階的策略。透過

低成本的融資來投資於高回報的標的物，理論上是可以獲得正向的差價。但是，投資本身就帶有風險，所以在選擇標的物時必須非常小心。這種資產活化策略的核心在於精確的評估和選擇是關鍵，其核心思路是：在確定本金安全可回本的前題下，只要投資回報率高於融資成本，那麼這筆差價或利潤就是你的。

另外，當你的資產有適當的借貸結構時，未來資產的傳承也會更為容易。你可以透過資產減去負債的方式，降低表面上的資產金額，從而在繼承時繳納較少的稅款。例如，如果你有 1700 萬的房產，但已借款 1000 萬元，那麼在國稅局的紀錄上，你的資產只有 700 萬。這樣，當你繼承時，需要繳納的稅款會少很多。

總之，正確看待並活化自己的資產，這樣在退休後才能享受更為舒適的生活。

資產年金化的好處：如何確保退休後的經濟安全

當我們談論退休計畫，「年金化」是其中一個絕對重要的概念。在我們的青壯年時期，投資股市或指數股票型基金（Exchange Traded Fund，簡稱 ETF），享受相對較高的利息和股利是很普遍的策略。然而股市的本金會隨著市場起伏而變動，對於那些希望確保退休後有穩定收入的人來說，這種變動性可能是一大風險。

在投資初期，我們可以接受高風險以換取高回報，但隨著年齡的增長，我們可能希望轉向更保守、更穩定的投資方式。這時，年金和定期存款可能成為更佳的選擇。例如，購買保險公司提供的年金保單或是透過信託進行資產配置，以確保每年有固定

的金額作為生活開銷。

軍公教退休金的制度，是臺灣特有的制度，提供了非常穩定的退休收入來源。這樣的固定配息方式，讓許多軍公教人員在退休後無需擔心經濟問題，可以過上相對無憂的生活。對於一般民眾來說，尋求類似的穩定收入方式是非常重要的。

把資金「年金化」的好處很明確。首先，這降低了我們超支的風險，因為我們只能花固定的金額。這樣一來，不會一次性用完所有的資金，可以確保在未來的每個月或每年都有穩定的收入來源。其次，這讓我們的心情更為穩定，不會擔心未來的經濟狀況。畢竟，知道自己每月都有固定的收入，這種心情上的安穩是難以言表的。

當然，「年金化」並不表示要放棄所有的資產成為年金，而是在資產組合中，有一部分是以年金的形式存在，以確保退休後的基本生活開銷。

除此之外，年金化也能協助我們克服人性的弱點，當家人或親朋好友向我們提出借貸需求的時候，尤其是我們的子女，我們可能會受到壓力，而將退休資金提前動用。但是，如果我們的資金已經進行年金化，比如透過保單或信託，那麼我們就可以告訴他們：「對不起，我不能動用這筆錢。」這不僅可以保護我們的退休資金，還可以教育我們的子女學會財務自律。

總的來說，年金化的策略不只是保護我們的退休資金不被市場波動影響，還可以防止我們因為短期的金融需求而動用這些資金。這樣，我們就可以確保在退休後有穩定的現金流入，過上真正無憂的生活。

一般來說，資產要年金化必須符合三個關鍵要素：

1. **要準備足夠的本金**：原則上至少需準備退休時期所有生活開銷的一半金額，例如預計退休三十年，每年生活費花 60 萬元，至少要準備（30 年×60 萬）÷ 2＝900 萬元，這部分的實際金額會跟規劃的工具有關。

例如，用臺灣的年金保單來規劃，就要準備大約退休期間 22～25 年的生活費，如果每年生活費花 60 萬，就要準備 1320 萬～1500 萬元。這雖比 900 萬多很多，但好處是年金保單是保證生存給付，只要活著就要持續給付；若活五十年就會給五十年，所以有可能領到 3000 萬元，真正實踐活得越久領得越多。

如果用連續三十年、每年有 7%投報率的工具，創造每年 60 萬元作為年金，那麼精算的結果只需 745 萬元，就比 900 萬少很多。但缺點是只能領三十年，多一天都不行。如果想領得更久，不是找報酬率更高的工具，就是準備多一點本金。

2. **給付年金時間要夠長**：既然是為了退休而準備年金，年金存續的時間一定越長越好，一般也要能持續領三十年，所以回過頭來檢視，有些標榜能每月配息的基金或是指數股票型基金，可能可以短期幾年有配息，但是長達三十年的時間都不知經歷幾次金融風暴，本金上沖下洗可能大幅虧損，就無法達成能持續領三十年的條件。

以這個角度來看，年金保單就是一個不錯的選擇，雖然要投入的資金真的比較多，但就是保證能領三十年以上，三十至五十年間無憂無慮、不須管理，時間到就領錢，非常安心。

世間要能長達三十年以上、穩定地給付 7%的工具不是沒有，但非常稀少，一般來說不外乎政府公債、優質公司債、外幣年度分紅保單、外幣宣告利率保單等等。想要準備的本金少一些，就要面對一些風險，例如匯率風險、信用風險等，但若選擇

信用良好的債券，例如蘋果公司債、台積電公司債，就可以大幅降低信用風險。選擇波動低的強勢外幣，例如美金、歐元，就能大幅降低匯率風險。因此，只要能認識風險、管控風險，做好資產配置，還是能用最少的錢達成最大化年金的效益。

3. **資產活化的效率要能超過通膨**：即使達成上面兩個條件，但是實際上最容易發生的問體，就是年金的金額被通膨吃掉的風險。以臺灣來說，真實通膨範圍在每年 5%，二十年後所準備的年金的實際購買力就會少一半。對於用傳統年金保單規劃年金的人而言，這部分會是最大的問題，因為一旦開始每年領年金，年金金額就是固定的，持續三十年都不會變。例如，每年能領 60 萬的年金，結果因為通膨每年要花費的金額超過 60 萬，可能變成 70 萬、80 萬，甚至 90 萬元，導致生活費不夠用，不得不動用本金或是借貸度日，結果惡性循環加速本金吃光見底。

如果是採用投資各種穩健的金融工具，搭配政府公債、優質公司債、外幣年度分紅保單等工具規劃年金，其好處就非常明顯，因為其獲利有可能追上通膨，甚有可能超過通膨，這樣每年能領的年金就會長大變多，不再是死板板的固定金額。

想進一步知道如何最有效率地活化資產，保障晚年生活無憂，或想知道比銀行更好的以房養老方案，以及想知道如何設計「資產年金化」，可掃描下方 QR 碼，或登入網址「https://suyufong.com.tw」參閱。

跨入老年的策略：從醫療保險到政府資源

除了資產活化和年金化，還有什麼方式可以保障自己在退休後仍然生活無憂呢？

• 早日準備，晚年無憂：探討醫療保險與退休策略

首先，要提醒大家的是，保險非常重要。當我們逐漸從六十五歲邁入七十歲，很可能會面臨各種健康問題，像是白內障、關節磨損等，這些治療費用不菲。若有購買醫療保險，這些費用可能會大幅降低。即使保險的保費隨著年紀增加而上升，但相較於高額的醫療費，其實還是值得的。更何況，透過保險可以將這些風險轉嫁，確保自己的退休金不會被這些開銷所侵蝕。

很多人會想太早買保險都用不到，白白浪費保費，想晚點再買才比較划算。其實，購買保險也不是越晚越好。隨著年齡增大，不僅保費會變得昂貴，體檢也可能出現不理想的情況，讓你買不到理想的保險。所以，最好還是在退休前作好準備，買好醫療和長照保險。

• 善用政府資源構建老年生活的保護傘

政府對長照和醫療的資源支援是一個重要議題。有時，我們可能對這些資源的全貌並不十分清楚，只知道某些局部的資訊。例如，政府有提供某些醫療輔助的資源，長照方面也有補助制度。這些補助可能根據每個人的經濟狀況而定，低收入家庭甚至

有機會得到政府全額的資助。雖然這種資助制度的申請門檻相對較為嚴格，但若真的有困難，也還是有機會獲得資助。

不過，要注意的是，接受政府全額資助的長照機構可能會有一定的限制，例如多人共住一個房間，所以在選擇時也要考量這些因素。這方面的資訊，可以透過政府的社會局等窗口獲取，或是在網路上查詢。

總之，建議大家在退休前，對保險、政府的長照和醫療資源有所了解，並為自己作好足夠的保險規劃，以確保老年的生活品質和經濟安全。最後，如果真的面臨困境，請記得，政府和社會都有許多資源可以幫助我們。但無論如何，最重要的是，自己必須努力保持健康和積極的態度。

66 years or

66 歲
罹患癌症的機率突然爆增
── 醫療

　　這是關於一個人和自己的挑戰，在困難面前找尋希望的故事。鄭先生，一個風趣而充滿活力的人，正在過著人生第六十六個年頭。他一直對生活充滿熱情，是社區的熱門人物，經常舉辦聚會和活動。

　　然而，最近收到了一個消息，一個將改變他生活的消息。他在一項例行的身體檢查中被診斷出患有癌症。這對他是一個巨大的打擊。鄭先生一直以來都過著健康的生活，然而這個消息讓他困惑和無助，他不明白為何自己罹患了癌症，尤其是在他竭盡全力維持健康的情況下。

　　在這個關鍵的時刻，鄭先生開始去尋找答案。他發現，許多六十六歲的人也都面臨著和他相同的挑戰，也就是癌症風險突然增加了。

走在癌症前面，
如何利用癌症篩檢提前守護健康？

　　當你聽到「六十六歲」這個年齡，已經要思考到癌症的風險。根據民國一一〇年的統計，臺灣癌症死亡人數已經達到了五萬多，占整體死亡的近 29％。令人驚訝的是，86％的癌症死亡都發生在五十五歲以上的人，尤其是在六十五歲之後，癌症的風險呈現上升趨勢。

　　那為什麼會有癌症呢？想像一下，我們的身體就像是一座大城市，而這城市裡的居民就是各種細胞。這些細胞平常都很守規矩，井然有序地工作、生長和死亡。

　　但是，有時候其中一些細胞可能開始行為異常，就好像城市裡的居民突然變得失控。這些細胞開始亂跑、亂擴展，不按照規定的工作時間工作，也不按時「睡覺」（也就是自然死亡）。當這些細胞無法被控制，且持續快速地生長和分裂，就形成了一個名為「腫瘤」的團塊。

　　而「癌症」這個詞，其實是指的這些異常細胞從腫瘤裡蔓延到身體的其他地方。當這些細胞蔓延到其他地方，就好像城市裡的居民離開自己的家，到別的區域去亂跑、亂擴展。

　　所以，當我們說某人患有癌症，意思就是說他的身體裡有一些細胞行為異常，不再守規矩，可能還到處亂跑。而醫生和醫療團隊就像是城市的警察，他們的工作是找出這些失控的細胞，並嘗試控制或消滅它們，讓身體回到正常的狀態。

　　不同性別的癌症高風險也有所不同。男性的五大癌症風險分

別是：大腸癌、肺癌、口腔癌、肝癌和攝護腺癌。而女性則是：乳癌、肺癌、大腸癌、甲狀腺癌和子宮頸癌。

過去，人們一聽到癌症，總認為那是不可治癒的魔咒。但如今，有些癌症，像是甲狀腺癌和乳癌，如果在早期發現和治療，其實已有機會完全治癒。現代醫學已經使癌症不再是死亡的同義詞。事實上，醫學界早已打破過去的觀念，認為一人一生只會罹患一次癌症。在當前，因為治療技術的進步，許多人在成功克服了第一次的癌症後，可能面對第二次、甚至第三次的癌症。

雖然治療癌症是個充滿挑戰的過程，但患者展現出來的堅忍和毅力，常令人感到佩服。也許，在不遠的將來，我們會認為癌症只是人生中一段必經的旅程。要縮短治療時間、提高治療效果的關鍵，還是在於早期發現和早期治療。

為了保護國民的健康，國家將許多資源投入於癌症的早期篩檢，以增加發現與治療癌症的機會。目前，臺灣已經提供五種主要的公費癌症篩檢，讓符合特定條件的民眾可以利用這些資源進行檢查。

1. **口腔癌篩檢**：三十歲以上有嚼檳榔（含已戒檳榔）或吸菸之民眾、十八歲以上有嚼檳榔（含已戒檳榔）之原住民，每兩年一次口腔黏膜檢查。
2. **大腸癌篩檢**：對五十至七十四歲的民眾，建議每兩年做一次糞便潛血檢查。
3. **子宮頸癌篩檢**：建議三十歲以上的婦女，每三年至少應該做一次子宮頸抹片檢查。
4. **乳癌篩檢**：針對四十五至六十九歲的婦女，以及四十至四十四歲曾有二等血親患有乳癌的婦女，建議每兩年接受一次乳房攝影檢查。

5. **肺癌篩檢**：針對特定對象提供每兩年一次的低劑量電腦斷層檢查（LDCT）。

肺癌篩檢的對象主要包括：
1. **具肺癌家族史**：五十至七十四歲男性或四十五至七十四歲女性，且其父母、子女或兄弟姊妹經診斷為肺癌之民眾。
2. **重度吸菸史**：五十至七十四歲吸菸史一年達三十包以上，有意願戒菸或戒菸十五年內之重度吸菸者。

投資在這些篩檢計畫上，不只是為了早日發現疾病，更希望透過這些措施，減少因癌症造成的死亡與痛苦。進行定期檢查，是每一位公民照顧自己健康的責任。

70 years of

70 歲
如何面對離婚後搬回娘家的女兒
一 心理

　　當夕陽投射在小鎮的石板路上，一道熟悉卻帶著些許沉重的身影出現在林家的大門口。林太太，一位曾是鎮上著名的芭蕾舞老師，看著眼前的女兒慧慧，心中五味雜陳。

　　慧慧婚後曾是小鎮上的新星，有著美好的家庭、穩定的工作和兩個可愛的小孩。但當她拖著沉重的行李，臉上的淚痕未乾，站在娘家門口時，林太太知道那些曾經的完美已經破滅。

　　「媽，我不想再這樣了。」慧慧的聲音帶著絕望，讓林太太心如刀割。

　　原以為，女兒出嫁後，自己可以安心地過著退休生活，再也不用為女兒的事情操心。但當慧慧帶著失敗的婚姻和兩個小孩回到娘家，林太太該如何面對離婚後搬回娘家的女兒呢？

設立心理界線，讓兩代人保持對等關係

　　當一對夫妻決定離婚，絕大多數的人都會選擇離開原本的住所。假設，對於離婚的女兒，許多父母都會提議她搬回家。畢竟，對於父母來說，孩子永遠是那個需要照顧的小孩。但現實情況卻可能並不那麼簡單。

　　首先，如果家中還有其他的兄弟姐妹居住，那麼空間可能會變得十分有限。這可能會導致一些關於居住空間的爭吵及相處上的歧異。畢竟，大家都希望擁有一個舒適自在、更大的生活空間，而離婚後的女兒可能也需要一個獨立的空間來調適自己的情緒，尤其還有需要扶養的未成年子女的時候。所以，離婚後，與家人同住在一起或許不是最佳選擇。

　　對於有經濟能力的家庭，他們可能會選擇在附近購買一間房子供女兒居住。這樣既可以確保她有獨立的生活空間，又可以保持和家人的親近關係。不過，這個選擇可能會受到其他兄弟姐妹的意見所影響。而父母的內心掙扎也不容忽視，特別是當媽媽更偏愛兒子時。

　　在臺灣，有很多家庭的經濟狀況都很好，特別是那些經歷過經濟起飛時期的七十多歲的長輩。他們通常都有一定的資產，因此當他們的孩子遇到困難時，他們會選擇提供經濟上的支持。這可能導致了一個問題，那就是孩子可能會過度依賴父母。這種依賴可能不只是經濟上的，還可能是情感上的。

　　在某種程度上，對於離婚後返回家中的子女或那些依賴父母的人來說，一直以來最好的方式是讓他們學會獨立。這不僅僅是物質上的放手，更多的是在心理層面上建立清晰的界線。

這個界線究竟應該如何調整以達到最佳狀態？對於富裕的家庭，可能會選擇透過保險或信託的方式，確保子女每月都能獲得固定的經濟支援，但超出這部分的經濟需求，子女則需自行解決。

父母必須意識到，如果持續以目前的方式對待子女，那麼當子女老去，他們將會變成怎樣的老人？很多父母總是將自己的孩子視為小孩，從未考慮過長久的照顧會對孩子的未來帶來什麼影響。

如果父母長時間不設立界線，對孩子的心理和社會適應性都會帶來長期的負面影響。真正的愛，是要學會相信子女有他們自己的能力，並隨時培養他們的獨立能力。

總之，這一議題涉及的是父母與子女之間如何建立健康的界線，確保彼此關係的正向發展。

75 歲
生病、長照機率倍增，
光吃藥就吃飽了
─ 醫療、無障礙空間

在繁忙的都市裡，鄭嬤嬤剛滿七十五歲。生活中最鮮明的畫面就是那一排排藥瓶，每天按時來的提醒鈴，不斷地叮嚀著她是時候服用藥物了。

每當她打開藥盒，一天三餐的藥丸數量，竟然足以填飽她的胃。這不僅是因為她隨著年齡增長所需要的藥物增多，更多的是，食慾已經不如往昔。

過去，鄭嬤嬤是個廚藝高手。家中的孩子和孫子總是盼著週末，因為那是嬤嬤大展身手、烹飪佳餚的時候。然而，現在，家裡的孩子長大工作忙碌，孫子也都各自到外地念書或工作。家中除了鄭嬤嬤，還有那一桌的藥物。

鄭嬤嬤的老鄰居阿明叔叔總是開玩笑地說：「鄭嬤嬤，我們這年紀，光吃藥就吃飽了，是不是？」

而我們該怎麼面對這樣的人生呢？

老人醫學：常見的身體機能退化問題與應對

當你到了七十五歲，生活給了一枚獎章，不是鑲滿金銀的獎牌，而是身上的慢性病。它們不是傷疤，而是一種證明，證明你過去經歷的風風雨雨。當你努力維護身體健康，並珍惜每一次的社交互動，你其實已經實踐了最新的健康理念。

當我們以為人生的第三春已經在眼前，新的挑戰卻又悄悄逼近。七十五歲不再是照顧家人的年紀，而是該好好關心自己的時候。說到底，七十五歲真的可以算是「老人」的起始點。這個年齡，多數人都會感受到身體的不適，或許是憂鬱、焦慮，或是尿失禁、多重用藥、認知功能減退等問題。

• 假性失智

我們都聽過失智這個詞，但是否知道除了真正的失智症，還有一種叫做「假性失智」的狀態？這兩者在表現上可能十分相似，但背後的成因與治療方式卻有所不同。在此，讓我們深入了解這種狀態，以及如何識別與因應。

什麼是假性失智？

假性失智不同於真正的失智症狀態，它是一種臨時且可逆的認知功能下降狀態；它可能是由多種原因導致的短暫性認知障礙，這些原因包括：甲狀腺功能低下、維他命 B12 或葉酸不足、神經病變、常壓性水腦症、藥物副作用、情感障礙等。由此可知，憂鬱症也可能導致一些類似於失智的症狀。

這些原因對於認知功能的影響，多半可以透過醫療介入得到改善或緩解。這也意味著，相對於真正的失智症，假性失智具有更好的預後。

接下來就從飲食、憂鬱兩方面來探討假性失智的防治。

·飲食與假性失智

臺灣的醫學普查顯示，老年人因為擔心膽固醇等健康問題，很多時候會選擇減少或避免肉類的攝取。但事實上，肉、魚、家禽類及奶蛋製品是維他命 B12 的主要來源，和葉酸的主要來自於深綠色蔬菜、堅果類、海鮮、內臟及豆類。長時間的維他命 B12 和葉酸缺乏，不僅可能導致假性失智，還可能導致其他健康問題。除了均衡飲食並且加強注意以上食物的攝取以外，定期服用含維他命 B12 及葉酸的綜合維他命也是良方。

·憂鬱與假性失智

當我們談及憂鬱時，可能首先想到的是情緒低落或無趣味感。但對於老年人來說，憂鬱的影響可能不止於此。在華人社會長者容易報喜不報憂，甚至在家人面前常常表現完美一面，讓旁人不易察覺他們的情緒波動，反而他們可能因憂鬱合併注意力不集中等類似認知功能下降的行為、若憂鬱病情惡化造成與外界互動減少，更會讓這些症狀與失智症非常相似。

從這個角度看，憂鬱與失智之間的關聯更加密切。而治療憂鬱可能有助於改善認知功能，進而提高生活品質。

一個關鍵的問題是，如何在日常生活中識別可能的假性失智症狀？

首先，需要密切觀察家中的長輩。他們是否有突然的行為或性格改變？是否越來越少與家人或朋友互動？是否經常忘記東西或做事情的順序？如果你發現這些跡象，建議及早尋求醫學協助。

其次，與家中的長輩建立親密的溝通是非常重要的。透過日常的交流，可以更容易地識別他們的需要和困擾，並及時提供幫助。

總之，面對假性失智，重要的是，一旦找出原因並給予適當的治療，這種認知障礙往往可以得到改善或完全恢復。平常多鼓勵家中的長輩參與社交活動和運動，這對於維持認知功能和情緒健康都是有益的。

• 自我檢測：老人憂鬱量表

老年憂鬱量表（GDS-15）能夠簡易評估長者的憂鬱傾向，所以不妨自我檢測一下吧！

【老年憂鬱量表】

在過去一星期當中，您是否有下列感受？如果有，請答「是」；如果沒有，請答「否」。

題目	得分	
	是	否
01. 基本上，您對您的生活滿意嗎？	0 分	1 分
02. 您是否減少很多的活動和興趣的事？	1 分	0 分
03. 您是否覺得您的生活很空虛？	1 分	0 分

04. 您是否常常感到厭煩？	1分	0分
05. 您是否大部分時間精神都很好？	0分	1分
06. 您是否會常常害怕將有不幸的事情發生在您身上？	1分	0分
07. 您是否大部分的時間都感到快樂？	0分	1分
08. 您是否常常感到無論做什麼事，都沒有用？	1分	0分
09. 您是否比較喜歡待在家裡而較不喜歡外出及不喜歡做新的事？	1分	0分
10. 您是否覺得現在有記憶力不好的困擾？	1分	0分
11. 您是否覺得現在還能活著是很好的事？	0分	1分
12. 您是否覺得您現在活得很沒有價值？	1分	0分
13. 您是否覺得精力很充沛？	0分	1分
14. 您是否覺得您現在的情況是沒有希望的？	1分	0分
15. 您是否覺得大部分的人都比您幸福？	1分	0分
總分		

總分說明：

- 0～6 分：適應狀況良好。
- 7～10 分：屬中度情緒困擾，建議生活作息安排、慢性疾病控制、規律運動、社會參與、尋求支持。
- 11 分以上：屬重度情緒困擾，建議轉介精神專科進一步評估。

• 尿失禁

尿失禁是指身體無法控制排尿的情況。有人因此感到尷尬，甚至不敢外出。

什麼是尿失禁？你或許會想：「我上完廁所後，內褲上還有一點點尿，這算是尿失禁嗎？」實際上，尿失禁的定義是任何形式的不自主漏尿。這意味著不論是無法控制地漏尿或是不知不覺間的漏尿，都被視為尿失禁。因此，如果發現自己的褲子有尿痕，這不只影響到自身的尊嚴，也會在社交場合中讓自己感到不自在。

如何預防或治療尿失禁呢？事實上，這並不是無解的問題。當發現有尿失禁情況時，首先應該尋求醫生的幫助，特別是泌尿科醫生。他們可以給予我們專業的意見和治療建議。預防方面，增強骨盆腔的肌肉是很重要的，這對男女都有幫助。此外，男性可以進一步關心攝護腺的維護，而女性如果有多次生產，可能會遇到子宮下垂的問題，應該定期到婦產科檢查。

年紀越大，尿失禁的問題也可能增加。到了七十五歲，有些人可能需要透過藥物或手術來治療尿失禁。

所以，對於尿失禁或其他健康問題，我們的態度應該是及早治療和照顧好自己的身體。畢竟，許多曾被認為是無法治療的疾病，現在已有了治療方法。最後，對於行動不便的人，定期排尿是很重要的。與其等到尿急再去廁所，不如預先去廁所，這可以大大減少尿失禁的風險。

• 老年營養不良

對於身體的健康，營養攝取是關鍵。老年人的營養需求原則其實和年輕時相差不遠，一樣希望六大營養素（見第 180 頁圖）要均衡，並且對於沒有特別疾病顧忌的長者，每日喝足夠的水更是一大功課。

在臺灣，許多長者因為牙口狀態不佳，或者在意訪間傳說高血脂禁忌，甚至味覺改變等原因，往往促使長者不愛肉類食品，造成蛋白質攝取不足。但事實上，考量長者腸胃吸收能力下降、增加肌少症的發生等，老年人對於蛋白質的需求其實要比普通成年人高，因此建議每天每公斤體重攝取 1.2 公克，建議每餐含有具蛋白質的「豆魚蛋肉」的分量要和自己的掌心大小、厚度相當。

所以如果長者對於肉製品真的不易攝取，就要考量用植物性蛋白取代，如各類豆製品，對於牙口不佳的長者，若能調整烹飪的方式，讓餐點軟硬適中，也不失為鼓勵營養攝取的方法。

再來是，許多人不夠重視水分攝取。特別是對於有尿失禁問題的人，他們常常因為害怕隨時想尿尿而減少喝水，這很可能造成脫水。脫水不僅會對腎臟造成負擔，也會影響到全身的血液循環。那麼，如何判斷自己是否喝足夠的水呢？口渴是一個指標，但對於年紀較大的人，他們的口渴感可能會變得不靈敏。所以，觀察尿液的顏色可以作為一個更客觀的評估方法。如果尿液顏色接近早上第一次排尿的深黃色，這表示身體缺水，應該多喝水。

總之，我們需要確保身體得到足夠的水分和蛋白質。這樣，不僅能維持健康，還可以預防許多潛在的健康問題。

油脂堅果種子類
每餐吃一茶匙堅果種子

蔬菜類
每餐吃滿一碗青菜

全穀雜糧類
每餐吃八分滿碗飯或麵

健康營養俄羅斯輪盤

豆蛋魚肉類
每餐吃手掌心大小的量

水果類
每餐吃拳頭大或八分滿碗的水果

乳品類
早晚喝一杯牛奶

健康營養俄羅斯輪盤是以總熱量評估後，比例分配各類食物一天所需要的份數，再適度分配到各餐中。每餐遵循以上原則，對於健康勝率會最高！

• 多重用藥

當一位老人家走出醫院的門，他們的手上可能會攜帶著一大包藥丸。為何？「多重用藥」這詞語，或許是答案。

老人家因體質變化和多種疾病糾纏，例如高血壓、糖尿病、膽固醇、心臟疾病等，所以需求的藥物自然就多了。這不只是疾病的關係，多位醫師可能也會治療同一個病人，而如果醫生與病患間沒有良好的溝通，有時可能會給予相同或衝突的藥物。甚至老人家的體質和藥物反應也不同於年輕人，有時可能因為代謝退化而出現副作用或藥效不佳。

要解決這問題，首先需要建立醫生和病人之間的信賴。當病人真實反映他們的用藥情況，醫生才能給予正確的指導。其次，病人須了解，正確的藥物使用是為了他們的健康，而不是為了傷害。

再者，病人在用藥時若感覺不適，應該立刻告知醫生。醫生與病人之間的坦誠溝通是非常關鍵的，例如病人應將所有正在服用的藥物都告訴醫生，甚至直接展示給醫生看。在臺灣，雲端藥歷系統讓醫生可以查看病人的藥物紀錄，這是一大福音，因為這樣可以避免藥物之間的衝突。

合作是關鍵，當雙方共同討論並決定治療方案時，效果往往最好。雖然有時醫治的進展可能較緩慢，但病人的了解和配合是成功的重要因素。

多重用藥可能聽起來令人擔心，但只要我們與醫生保持開放和誠實的溝通，並遵從其建議，就能確保自身的安全和健康。

病人和醫生之間的溝通要注意四點：

1. **坦誠相見**：病人要告訴醫生自己真的吃了哪些藥、是否正確吃，甚至有時候要把所有的藥都拿給醫生看。這樣醫生才能知道哪些藥可能會有問題。
2. **醫生的角色**：醫生應該要檢查病人是否有吃其他藥。在臺灣，有一個雲端藥歷系統，醫生可以看到病人在健保領取的藥物紀錄，確保沒有互相衝突。
3. **一起討論**：當醫生和病人都了解彼此的想法和情況後，才能討論最適合自身的治療方針。有時，治療的效果不會馬上看到，但只要雙方都有共識，最後才容易成功。
4. **藥物的效果**：藥物就像一把雙面刃，有好處也有風險。特別是老年人，因為他們的身體反應可能會比較複雜。所以，醫生在調整藥物時會特別小心，治療過程也就可能比較緩慢，就需要病人的合作和了解。

• 跌倒

跌倒對於七十七歲的老人來說，絕對是一個難以承受的考驗。需要面對害怕跌倒的恐懼，甚至經歷撞傷或骨折後的辛苦復健。這些問題都非常嚴重，絕不能把跌倒看作是柔道練習的一部分，或者去試驗骨骼的堅硬程度。對老年人來說，不跌倒真的很困難。而跌倒往往是由多種因素加疊而成的結果。

有些人在初次跌倒後可能沒事，這通常只是運氣好；若是第二次跌倒仍未受傷，那真的是有福氣。但我們不能一直依賴運氣，俗話說「事不過三」，如果一年內跌倒兩次以上，就必須好好了解跌倒的原因，甚至需要去看老年醫學科以進行評估。

為什麼老年人如此害怕跌倒？因為我們總是聽到，有些人一跌就無法再起，關鍵在於跌倒後撞傷腦部或手、腳、脊椎骨折，

這樣就容易變成失能，只能坐在輪椅上或臥床，最終增加死亡率。比起依賴運氣希望跌倒後能毫髮無傷，我們更應該實事求是地做好預防措施，並且了解自己是否有骨質疏鬆問題，以防增加跌倒骨折風險。

在分析跌倒的原因時，初步會將其劃分為身體問題和外部環境問題。身體問題很廣，涵蓋頭到腳的所有部位。任何變化都可能導致跌倒，比如時常頭暈、白內障合併嚴重視力模糊而絆倒、膝蓋問題導致平衡感不好等。這些都可能是導致跌倒的因素。

對於外在環境的分析，我們需要創造一個對高齡人群友善的環境。我們要確保大家行走時不會被東西絆倒，也不會滑倒。如果家中老人有收集物品的習慣，導致屋內外凌亂，我們甚至可能需要評估他們的認知功能是否正常。

此外，照明要充足，室內裝潢的色彩搭配要能讓人明顯區分。如果樓梯的邊緣沒有明顯的標記，老人可能無法辨認，因而導致跌倒。

對於行動不便的老人，晚上如廁時應有夜燈或直接開燈。他們應該盡可能使用床邊便器椅、拐杖或助行器。廁所的設計也應該盡量減少設置擋水板的可能性。長者衣物避免過長，鞋子也要選有包覆性及防滑效果。這些注意事項都能降低老人跌倒的風險。

每一步都輕鬆走：
人人都要進入無障礙的未來生活

　　無障礙空間的設計對我們每一個人都非常重要，無論是想在原有的房子中繼續居住，或是打算搬到新的住所。你必須考慮的幾個關鍵點包括：有沒有設置電梯或全部住在一樓，以及門檻是否夠低、夠大足以讓輪椅或病床進出。浴室和房間的門必須足夠大，以便在需要居家照護的時候，可以順利進行日常生活；如洗澡和如廁，不會因為門口太小而產生困難。不過，這些調整可能需要花費一筆資金來進行裝修。

　　舉例來說，當你因為某種原因不方便行動，例如坐輪椅或需要臥床，最常見的困難可能就是行動和洗澡。為了確保這些活動能順利進行，房間、浴室及客廳的門都應該足夠大，讓病床或輪椅可以順利通過。此外，必須要有電梯，或者所有的生活空間都在一樓，否則病人將無法移動。再者，浴室和廁所應該要設計沒有門檻，以方便輪椅進出。如何防止水溢出呢？這就需要利用無障礙設施的設計，例如，浴室的地面可以設計得比其他地方低，這樣水就不會流出來。

　　總括來說，設計無障礙空間時須注意以下原則：

- **平坦的進入路徑**：避免樓梯，或提供坡道和電梯。
- **廣闊的通道**：確保輪椅能夠通行。
- **適當的高度**：如開關、按鈕等應設在容易觸及的位置。
- **明亮的照明**：確保視力較差的人也能安全使用。
- **清晰的標誌**：使用字大、對比度高或有觸感的標誌。
- **避免障礙物**：確保走廊和通道沒有障礙。

簡而言之，無障礙設計就是讓每個人都能安全、方便地使用的空間設計。

　　然而，要實施這些改變，居住空間必須夠大。如果無法達到這些條件，可能就要考慮是否真的需要住在安養院。不要覺得住在安養院是不好的選擇，或者認為這代表子女不孝。設置無障礙設施其實是一個相當大的挑戰，如果將整個家庭環境都改造成無障礙空間，可能會比直接住在安養院還要花更多的錢。

　　此外，無障礙空間的設計還應該考慮到預防跌倒的問題。對老年人來說，跌倒是導致傷亡的主要原因之一。所以，自身必須進行肌肉訓練，以減少跌倒的可能性。為了防止跌倒，還應該設置扶手，讓人在行走時有東西可以抓住。同時，如果你已經跌倒了，必須要有人能在身邊幫助你，這樣可以降低受傷的風險。

　　然而，即使做了這些預防措施，跌倒的情況仍然可能會發生。但只要我們能夠盡量降低其發生的機率，也許日子就能安然度過。我們必須承認，跌倒是每個人都可能面臨的問題，但透過設計無障礙空間及日常保持活動，就能以最大限度減少其發生的風險。

79 years of

79 歲
突然要入住養老院，
挑選養老中心比想像的更花錢
— 財務、人生規劃

　　韓大叔七十九歲，身體硬朗、精神矍鑠。但有一天，他向家人表示要搬進養老院。家中一片譁然。他一生節儉，為何突然有這種念頭？

　　他的孫子，小明，決定陪伴韓大叔參觀各家養老中心，希望了解其中奧祕。韓大叔和小明很快發現，養老中心的選擇是一場「奢侈的探索」。有的如豪華度假村，有的專注於心靈修養，費用卻不斐。

　　小明問：「爺爺，你真的要住這裡嗎？真的需要花這麼多錢嗎？」

　　韓大叔看著窗外的風景，微笑說：「人生最後的階段，我想選擇怎麼過，這就是我的奢侈。」

　　小明默然。他終於明白，這不僅是對住所的選擇，更是一種生命的追求與堅持。

生命後半場，決定一個不一樣的照顧方式

　　一位七十九歲的長者，生活上的選擇和需求會變得與眾不同。一個很現實的問題就是身體的狀況可能開始退化，這使得「是否要住進安養院」成為一個必須面對的議題。如何被照顧，以及在何時的時機作出這個決策，其實都是一門學問。

　　越來越多人現在可以接受安養院的觀念，不僅是因為它提供的專業照護，無論是在硬體設施或是專業護理人員方面，都比個人在家中能提供的要來得專業。但住進安養院的第一步，首先就是金錢上的考量。就像外出租屋一樣，進入安養院也需要每月固定的開銷。為了這筆開銷，提前作好財務規劃是相當重要的。

　　再者，如果你決定住進安養院，我個人認為，選擇的時機應該是越晚越好。因為進入安養院代表一個人已經完全停止工作，固定的收入也就隨之停止，每一分錢都變得格外重要。建議你，如果在六十五到七十五歲之間，還有能力工作，盡量延續工作，至少可以確保金錢上的穩定。當然，七十五歲後，身體狀況可能開始不如從前，這時就需要好好考量是否需要進入安養院，並為此作好財務準備。

• 選擇安養院，不只是金錢和時機，更關乎家庭與情感

　　除了這些，還有一個重要的考量，就是你和家人，特別是子女的關係。很多人可能沒有意識到，安養院的生活，在某種程度上與外界是有所隔閡的。甚至可以說，它就像是類似住宿學校自成一個體系的環境。而在這樣的環境裡，如果常有外面親人進來安養院探望，會給予住在裡面的長輩一個心理上的支持，同時也

能確保其獲得較好的照顧。

你可能會覺得這個比喻有些奇怪，但我希望這麼說能幫助你理解：安養院裡的生活其實很像學校裡的生活。大家住在一起，相互之間會有人際關係的互動，有時候甚至會有一些小爭執。而護理人員在這裡，他們的角色有時像老師，有時又像班級裡的班長。如果一位住院的長輩經常有家人來探望，護理人員在對待他時，會更加小心和用心。

所以，無論你是否選擇進入安養院，都要維持與家人特別是子女之間的親密關係。當然，從經濟角度看，如果你可以在家中被照顧，又或者有機會與子女同住，這都是相當好的選擇，因為這不僅可以節省金錢，還可以維持與家人之間的親密關係。

最後，選擇是否住進安養院，絕對不只是一個簡單的是非題。它牽涉到的不只是金錢、時機，更是一個涉及到你人生中最重要的部分，即家庭、子女和親情的考量。在作決定之前，建議你要認真思考，並且和家人，尤其是子女，進行深入的溝通。

為美好晚年預先布局，老後生活環境大整頓

當我們步入老年，常常會為家中積攢的各種物品而煩惱。這些可能是一輩子的回憶，或是一些曾經讓我們眼中光芒四射的寶物。但對於我們的子女，這些物品可能僅僅是一堆占地方、沒有實際用途的舊物。當要決定哪些東西該留、哪些該丟時，這樣的選擇困境不僅給我們帶來困擾，也給子女增添了壓力。

實際上，面對家中堆積如山的物品，最困難的部分常常不是整理，而是情感的糾葛。例如，在日本，有一種稱為「斷捨離」

的生活理念，鼓勵人們丟棄不必要的物品，將生活過得更簡單、更有品質。但這並不是說要我們放棄回憶，而是提供一個不同的方式去珍藏它們。

當面對這些物品，我們可以嘗試從一個新的角度思考：是否能夠透過數位化的方式，像是拍照、錄音或掃描，來保存這些回憶？這不僅可以幫助減少實體物品的儲存壓力，還能讓我們隨時隨地回味這些美好的回憶。

除此之外，更重要的是，我們可以試著將自己一生的故事、經歷透過錄音或錄影，分享給子孫後代。這樣的回憶，遠比一堆舊物更有價值、更能夠讓下一代感受到我們的存在和故事。就像我曾經採訪過我爺爺，從他口中得知那些我從未聽過的家族故事，那分感動和啟示是任何物品都無法替代的。

老後的生活，不僅是物質上的整理，更是心靈上的沉澱和傳承。希望我們都能找到一個既保留回憶又不給後代帶來負擔的方法，將那分情感和故事永遠保存下來。

照顧家人的最後一哩，深度探討安養中心的選擇

挑選適合的安養中心其實不那麼複雜，但確實有些重要的要點需要考量。首先，價格肯定是很多人最先想到的，但這裡不再詳述價格的問題。

更值得我們深入探討的是安養中心的地理位置。為什麼呢？想像一下，如果你所選的安養中心距離真正關心你、願意經常探望你的家人很遠，那麼對他們來說，每次的通勤其實是一個相當大的負擔。如果交通不便，他們探望你的頻率可能就會降低。所

以，位置的選擇真的很重要。

接著，當我們考量都市區的安養中心，通常有兩大問題：要嘛價格偏高，要嘛空間較為狹小。但我的建議是，盡量選擇位置近的安養中心，即使可能跨越了不同的縣市。

再來，談到安養中心的醫護人員。他們雖然是工作，但我們的態度對他們也很重要。只因付了高額費用並不意味著可以得到最好的服務；反之，善待他們、對他們友善，你會得到更好的回應。在此，建議在探望親人時，可以帶些小禮如水果，表示對他們的感謝。這樣，家人會得到更好的照顧。

最後，要強調的是，雖然許多外在條件，像是硬體設施，都很吸引人，但長期下來，真正重要的還是人與人之間的互動和感情。畢竟，住進安養中心後，你可能只有一個小小的空間，但有了人情味，這空間就變得溫馨起來。

日本的創新老齡照護，快樂公寓與上勝町的經濟模式啟示

在日本的一次旅行中，我遇到了一個鮮為人知卻又非常特別的地方：一棟名為「快樂（Happy）公寓」的混齡照顧建築。這座公寓的故事起源於三十七歲的社長首藤義敬（Shuto Yoshihiro）先生。在 2017 年，為了讓自己的孩子能夠和父母、祖父母一起生活並加深彼此之間的連結，他決定在市郊建造這棟六層高、有四十五個單人房間的互助式住宅。

令我驚訝的是，這棟建築並非傳統的護理之家，而是一個私人住宅。裡面有約四十個房間，這裡的住戶 80％主要是失智症的

長輩。

他們並沒有像護理之家或安養院制式的作息安排，也不會要求每一個人要一起參加活動，大家可以各自照著自己的興趣或步調做自己想要做的事。

特別的是，一樓大廳是社區的交流中心，讓社區的人隨時進出，甚至於住在附近的老人家或不願上學的小學生或中學生，都可以進來自學。社會人士或工作人員都可以成為教學的講師，然後協助畢業和就業。

快樂公寓的目標就是，「盡量減少約束，打造一個讓長者不再獨居，也不需要負擔高額的住宿與照護費用的地方。」這打破我對老年照護的刻板印象。

這樣的模式在臺灣也有類似的例子。例如在臺中沙鹿，有一家叫做「好好園館」的機構。這是一位社工背景的教授開設的，其設計和環境都讓人感受到一種與世無爭的氛圍。這裡有各種植物和羊群，給予長輩一個舒適的生活環境。

失智症對家庭的影響是深遠的，而我自己也有經營失智症據點的經驗。我曾見過一位阿嬤，她常常誤認其他人偷了她的錢，甚至連家人也不例外。這導致她與家人的關係緊張。此外，她也會頻繁地去商店購物，但購買的物品都不會使用。為了解決這個問題，我們嘗試與商店協商，希望能夠將她購買的商品退回。

除了快樂公寓，令我印象深刻的就是把老化社區打造成年營收入近三億日圓的案例。幕後推手為現年六十四歲的橫石知二先生。

這案例位於上勝町，因人口外移及老化，目前全村僅有一千

五百人，而且九成是老人，卻有三百人做葉子相關工作，例如栽培和採集樹葉。

這些樹葉被用在高級日本料理的盤子上。透過一個特殊的系統，這些長輩可以在家中接單，然後出貨，就像家庭代工一樣。這讓許多八、九十歲的長輩覺得自己還能有所作為，並從中獲得收入和成就感。這種將照顧和經濟活動結合的模式為社區帶來了正面的影響。

除此之外，在日本我還發現了一個非常有趣的社區模式。這個社區裡，居民可以發行自己的貨幣，並在社區內進行交易。更令人驚訝的是，附近的暢貨中心和百貨公司也接受這種貨幣作為交易方式。這種自主經濟系統的設計，真的讓我覺得非常新奇。

這樣的模式，無疑是對於推動自治住宅和經濟社區發展的一種新思維。透過自己的貨幣，或是打造特定的市場，這些老年居民不僅能夠確保自己的生活需求，還能夠參與社區的經濟活動，找到自己的價值和存在感。

臺灣目前面臨的少子化和老齡化問題，其實與日本非常相似。但比起日本，我們的老齡化和少子化速度甚至更快。這也意味著，未來我們的社會中，將會有更多的獨居老人。當我們考慮到這些獨居的老人，可能因為生活困難、詐騙或其他因素而流落街頭，我們應該如何為他們提供更好的照顧和支持呢？

我認為，我們應該考慮建立一個提供勞務的平臺，讓這些老人可以找到自己能夠參與的工作，從而獲得生活的意義和價值。

我一直在思考，如何實施這樣的計畫？如果我們能夠參考這些日本的模式，為這些老人提供一個可以自主經營和參與的社區，這不僅可以解決他們的生活問題，更可以幫助他們找回生活

的熱情和活力。因為，我深深相信，無論年齡大小，每個人都應該有機會找到自己的價值和意義。

選擇最後的安居，為子孫打造無憾回憶

曾經，我不太在乎死後是否會被子孫懷念，因為我認為人生已經過去，人們是否還記得我，對我來說已無太大差異。但當我深入思考，如果給我選擇的話，或許還是希望我的子孫能偶爾回憶起我，甚至去探訪我。

這個思考啟發自以前掃墓的經驗。每到清明時節，掃墓不僅是對祖先的一分懷念，也是一項傳統的責任。那時的環境並不是很好，炎炎夏日之下，墓地充滿灰塵；下雨時，泥土黏糊，而拔草和砍樹更是費時、費力。小時候，這些都覺得是有趣的冒險，但隨著年齡的增長，這些工作漸感沉重。

但後來，我體驗了一種不同的掃墓方式，那是在一座管理良好的靈骨塔。這裡就像是一個綠意盎然的公園，有專人維護，不受天氣的影響，甚至還有餐廳和遊樂設施供親友和小孩使用。這麼一來，探訪祖先不僅不再是負擔，甚至成了一次愉快的家庭聚會。

我們家族曾考慮過，是否應該把所有先人的骨灰放在同一地方。這樣，每次掃墓時，我們都可以集中懷念，也更方便後代子孫。但這個想法，因為涉及各種複雜因素和成本，最終並沒有實現。

這些思考讓我意識到，我們的「後事」規劃不僅是對自己的一分責任，更是一分給後代的思考。畢竟，好的規劃不僅使我們

的子孫在回憶我們時更加方便，也使他們能更有愛心和尊重地繼續這個傳統。

• 永恆的安息：如何讓後代更輕鬆地憶念你

靈骨塔在近年逐漸成為眾多人的選擇，畢竟它帶來了一種獨特的安置方式。然而，選擇靈骨塔並不僅僅是因為其形式，更多的是背後的管理與維護。

舉個例子，我阿公的遺體被放置在五股的一座靈骨塔。這個地方的第一印象給人的感覺就是不方便、不舒服：山路狹小、泥濘，公墓的整體設計也不是很理想。其實，當我走進那裡，我並沒有找到一個真正可以放鬆和悼念的地方。公墓缺乏適當的公共休息空間，更別提冷氣或其他便利設施。久而久之，這使得家人，包括我和我爸爸，之後都不太願意常去。

這反映出靈骨塔的管理和規劃真的很重要。當你想到好的社區，它們都具備什麼？優質的公共設施、舒適的環境、體貼的服務。靈骨塔也應該如此，它應該不只是個存放骨灰的地方，而是一個能讓人真正感到舒適、懷念和安慰的地方。

其實，對於死後的安置方式，每個人都有自己的看法。有些人可能偏向於更傳統的方式，例如選擇風水寶地、堅持土葬或在家中設立牌位。但現在，隨著家庭空間變得越來越小，越來越多的人選擇了其他方式。

最後，當我們考慮這些選擇時，真的應該從家人的角度去思考。比如說，如果我先過世，我會希望我的配偶和子女能在一個舒適的地方紀念我。我們的選擇不應該給他們帶來不便，而應該讓他們感到被關心和愛。

82 歲
連自己錢放哪都忘了！
失智與記憶力衰退該怎麼辦？
一 醫療、人生規劃、長照

夏日熾熱的陽光照射在舊城區的柏油路上，緩步走著的是王先生，一位八十二歲的老人家。他手中提著一只布袋，臉上掛著慈祥的笑容。然而，當他要在路邊的小商店購買一瓶水時，卻突然露出驚惶的表情。王先生在口袋裡、布袋裡翻找著什麼，但很明顯地，他找不到。

店老闆婆婆看著王先生，覺得很熟悉，於是問：「王大哥，怎麼了？」王先生迷惘地看著她，喃喃地說：「我的錢包……我放在哪了？」老闆婆婆心頭一緊，她知道王先生近來似乎記憶力開始衰退，這在這個年紀是常見的現象。但對王先生和他的家人而言，這每一次的小小遺忘，都是一場深深的折磨。

王先生的狀況並不孤單，許多老年人都面臨著記憶力衰退或失智的問題。那麼，當我們或是身邊的親人遇到這樣的情況時，我們該怎麼辦？這不僅是一個醫學上的問題，更是一個涉及家庭、情感和社會的課題。

失智不僅僅是健忘：揭露被大家忽略的症狀

在以往的日子裡，許多人都認為記憶力衰退是老年的正常過程。但隨著時代的進步，我們現今對於失智的認識已經有了極大的進步。越來越多的人開始認識到，當親人忘記了某些事情，那並不僅僅是年紀大的象徵，可能是健康產生問題的徵兆。

許多人誤認為「失智症」就是「阿茲海默症」，但其實失智症包含了許多種類型。例如，退化性失智症，其中除了有我們熟知的阿茲海默症，還包含路易氏體失智症、額顳葉型失智症和巴金森氏症失智症。此外，也有其他原因造成的失智症，例如因中風後衍生的血管性失智症，以及營養失調、顱內病灶或新陳代謝異常而引起的可逆性失智情況。

儘管這些疾病在初期的症狀和影響領域，如記憶、認知、運動和語言，各有不同，但隨著疾病進展，失智症會讓整個大腦退化，導致各類型失智症在疾病後期症狀差異會越來越小。很遺憾的是，目前對於退化性失智症及血管性失智症等情況還沒有一個完整的治療方法。我們能做的，只是嘗試減緩它的進展速度。

許多人總是認為失智症一定由記憶力衰退開始的，這個誤解的根源可能來自於阿茲海默症。因為它是最常見的失智症，而它最常見的初期症狀就是記憶衰退。其實，額顳葉型失智症患者可能會首先經歷人格變化，如同變了一個人，或是常常看到長者收集舊物，甚至堆在家裡滿山滿谷不願意整理，這些都有可能與失智症有關。因此，家屬在注意到長者有異常時，應提高警覺。

當一個家庭中有人被診斷為失智症，尤其是阿茲海默症，這對整個家庭都是一個重擊。長者在失智的初期，可能會因為深切

感受自身的退化，而覺得很挫折，甚至產生憂鬱和焦慮。此時，他們最需要的是家人的理解、關心和陪伴。

如果家屬無法提供適當的支持，或者不明白疾病的本質，可能會導致更多的家庭矛盾。適當的照顧和支持，能夠減緩患者的症狀進展，而與其他患者以及外界互動，如參加日照中心的活動，也對他們的身心健康極為有益。

在目前少子化的背景下，未來的老年人需要為獨立生活作好心理準備，並且要學會展開雙臂，接受外界的幫助，活得更充實。畢竟，每個人都值得有一個快樂的晚年，不是嗎？

面對失智症家人的相處技巧

每一位與失智症患者相處的人都知道，這是一個既挑戰又需耐心的過程。通常，我們的反應可能是試圖讓他們回到我們的世界，而不是我們進入他們的世界，但失智症患者的世界可能與我們的完全不同。在此提供一些技巧，這些技巧可以幫助你更有效地與失智家人相處。

主要的原則就是，我們需要進入失智者的世界，並與他們同行。

讓我們先來談談相處技巧，三步驟的策略：首先是肯定他們，接著轉移目標，最後引導他們到達我們要他們去的地方。

許多情況下，失智者可能剛剛吃過飯，卻忘記了，然後抱怨說我們沒有給他們吃飯。家屬或陪伴者常見的反應可能是，堅持說明他們已經吃過飯了，或是試著利用照片證明他們已經吃過。

但是，這種方式可能會引起他們的困擾或困惑。

因此，我們可以採取另一種態度，首先肯定他們的感受，如：「你餓了是嗎？你想吃什麼？」這種方式可以讓他們感覺被接納，同時也轉移了他們的注意力。接著，我們提供他們選擇，例如選擇吃飯或吃麵，然後你可以進一步引導他們，比如：「那我們吃巷口的排骨便當好不好？我現在就打電話給老闆，請他做快一點，等一下就可以吃了。會不會口渴？要不要喝一點水？早上有看到一件衣服，很好看耶，穿給我看看好嗎？」這種方式可以幫助你在尊重他們的情緒的同時，將他們引導到你希望他們去的地方，比如說，拖到下一頓飯時才給他吃。

另一個常見的情境是失智者可能會懷疑自己的物品被偷了。家屬或陪伴者常見的反應可能是堅持否認或要求他們提供證據。然而，這可能會導致他們感到被攻擊或無法信任。

在這種情況下，我們可以首先肯定他們的感受，如：「啊！怎麼會這樣？」然後轉移注意力，讓大家一起找尋那個丟失的物品。這樣的話可以讓他們覺得我們在支持他們，也提供了一個機會轉移他們的焦慮。最後，可以引導他們到我們的目的地，例如，帶他們到客廳坐下來看電視。同時也可以順便轉移他們的注意力，例如說：「要看哪一台節目呢？」在這個過程中，他們的注意力可能已經從原本擔心物品被偷的焦慮，轉移到電視節目的選擇上了。

所以，無論是面對失智家人忘記吃飯的情況，或是他們懷疑物品被偷的情況，所用的方法都是一致的，也就是肯定他們、轉移他們的焦點，然後引導他們到達我們要他們去的地方。這樣，就能夠避免無謂的衝突，並讓家人在失智的道路上，感受到我們的支持和陪伴。

因此，與失智症家人相處的關鍵在於如何進入他們的世界，理解他們的感受，並將他們的注意力引導到其他事物上。這種技巧需要一些練習，但是一旦掌握，將大大提高彼此相處的品質。希望以上的建議能對大家有所幫助。

若想更進一步了解如何有效陪伴家人與如何讓大腦越來越健康，可掃描下方 QR 碼參閱。

面對失能的最佳方案：意定監護的角色與價值

關於意定監護與傳承，是我們難以逃避卻又不得不面對的議題，尤其當我們進入年老階段。意定監護最重要的一環在於，人們在何時開始喪失自己的財產控制權？這個問題的答案可能出乎你的意料，並不是在人死後，而是當你開始生活不能自理的時候，這個變化就已經悄然發生。

當我們年事已高，許多人開始考慮如何妥善管理自己的資產，尤其在身體健康開始退化，無法自理的時候。意定監護這個議題，就是在這樣的背景下誕生的。它不單單只是關於死後的遺產分配，也是關乎在世時如何確保我們的財產和生活品質得到妥善管理。

如果沒有事先設定好意定監護，可能會發生幾種可能的情

況。第一個情況是你可能會被當作人質。照顧父母的人，通常也掌控著父母的財產。這時候，可能就容易出現小孩操控父母，操控財產的情況。表面上看起來是為了父母好，如買車方便父母出行，或是搬家為了提升父母的生活品質，但實質上可能只是在挪用父母的資產。如果財產被提前花光，那麼當初照顧的人可能就會消失，到那時候，原本需要照顧的人就變成了負擔。

意定監護的好處是，可以由不同的人來分擔不同的責任。比如我們可以委託甲來負責日常起居的照料，乙來負責管理不動產，丙來幫忙管理金融資產，而丁則可能負責管理保單。在意定監護的設計中，這些人扮演的角色可以有兩種，一種是監督，另一種是輔助。如果我們想讓甲、乙、丙、丁四個人同時參與這些事情，我們可以設計意定監護的內容，讓每一個人的任務中都包含我們的配偶。這樣一來，配偶可以在他們的幫助下，把事情處理得更好，而不需要自己全都懂。

如果這些人不是我的配偶，而是我的小孩，我可能就會擔心子女會在處理事情時亂來。此時，可以把意定監護者設定為監督者，這樣他們就必須共同決定事情，而不能單獨作主。比如說，在處理不動產或是購買保險等事情時，必須要他們和子女共同簽名，這樣可以防止子女亂來而把我的財產被無理處理。

如果不設定意定監護，那麼監護權就會成為法定監護。法定監護人是按照親屬關係來決定的，如果你有三個小孩，那麼他們都會是你的法定監護人。這種情況下，他們可能會因為對事情看法不同而起爭執。然而，如果你設定了意定監護，那麼由誰來決定事情，就清清楚楚，不會出現爭議。

意定監護也有另外一個作用，那就是在醫療決定上。如果你不希望接受無效的醫療，或是希望捐贈自己的器官，你的意定監

護人可以幫助你實現這些願望。尤其是在你不希望接受痛苦治療的時候，這時候你可能要尊重你子女的意願，甚至可能需要聽醫生的意見，但是你的意定監護人可以代表你作出決定。

總的來說，設定意定監護不僅可以保障你的權益，也可以防止你的財產被亂用，並且在你生活不能自理的時候，也可以讓你得到適當的照顧。我們必須要認識到，每一個人都有可能會有生活不能自理的一天，因此，應該提前作好準備，設定好意定監護，以確保我們的權益得到保障。

長照人員的心聲：想幫助對方的心與現實的兩難

當今時代，資訊流通的速度非常迅速，所以政府提供老年許多福利與政策，許多人都會得到相關資訊，但即使如此，這些政策還有很多需要改進的地方，因為實際上仍難以滿足每一位需要照顧的人的特定需求。舉例來說，有些人確實需要進入專業的長照機構以獲得更全面的照護，但高昂的費用和家庭經濟壓力使他們無法負擔。

這裡的問題並不只是經濟。很多家庭選擇在家自行照護他們的家人，這種「自我家庭照護」早已成為一個社會問題。不論是從提供資源或專業服務的角度，家庭照護都是充滿挑戰性。

照顧者通常都是家人，甚至照顧者本身就是失智患者，他們沒有受過專業訓練，但還是必須照顧中度或重度失能的親人。他們面對的不只是照護的困難，更有很多情感和心理上的掙扎。他們害怕接受外部的幫助，甚至拒絕讓他們的家人進入機構接受照護，擔心那裡的照護品質不佳。

臺灣的「長照 2.0 政策」確實提供了一些幫助，例如派遣人員到家中照護一、二個小時，但這遠遠不足。家庭照顧者自己也是需要關心和支援的，但往往他們自己的需求被忽視。

長輩傳統的觀念是，父母生養我們，子女須盡伺奉到終老。反之，子女們都在父母呵護下成長，子女只知享受父母「情感」，卻不想盡「本分」。諸多家庭紛爭都在長輩認為「應該」、「本來就該做的事」，沒有正視照顧父母的責任落在各自都有家庭的子女們身上，他們心有餘而力不足、力不從心，以致衍生老老互相照顧。

所以，即使有團體嘗試提供幫助時，長輩可能會堅決拒絕。他說：「我不想去，我不想出門。」這種拒絕的態度不是單純的固執或是遺世獨立，而是深層次的心理防衛。為了真正讓他敞開心扉，我們需要有一位能夠深入了解他內心世界的人，一位能夠花大量時間去深度交談、讓他多年壓抑的痛苦和不安得以宣洩的人。

只有在這種深入的溝通後，他才可能會開始考慮我們的建議，開始信任我們。信任是一扇門，若沒有真正的信任，不論我們提供多少建議或資源，他都可能會選擇拒絕。畢竟，人的尊嚴是無法被忽視的。他可能會說：「這是我的事，順其自然。」

當人處於困境時，他可能會因自尊或固有的想法而選擇拒絕幫助，選擇「順其自然」。但對我們這些專業人士來說，這種「順其自然」的態度讓我們感到遺憾和心疼。因為從我們的角度來看，他其實還有很多可能性和希望，有許多更好的照顧方式可以選擇。但由於認知的落差，他可能只會說：「不需要，這樣就好。」

這種認知的落差讓我們感受到挑戰，但也讓我們更加明白，

真正的幫助不僅僅是提供資源，更重要的是建立信任和了解。要真正理解和幫助這些家庭，需要耗費大量的時間和耐心，進行深入的訪談和溝通，讓他們感受到真誠的關心和理解。

而這項任務在臺灣通常是由社工或志工來執行，但即使這些社工或志工都全心投入幫助他人，但常常倍感無力。因為他們中的許多人可能沒有受過針對某方面的專業訓練。當他們面對某些特定的問題或挑戰時，可能會感到手足無措。例如，如何有效地整合他們觀察到的問題，明確定義這些問題，並提供恰當的幫助。另外，他們可能還不熟悉如何有效地連接和運用各種資源。

相對地，有些專業的個案管理師（簡稱「個管」）具有這方面的訓練和知識。他們知道如何協助有需要的人，並了解如何最大化地利用可用的資源。但即使是這些專業的個管，他們的負擔也是沉重的。想像一下，一位個管手上可能有高達一百五十件個案。每天，他們都要不斷地訪問這些案件，每個案件都需要時間和精力。因此，他們很難為每個個案提供深入且持續的一對一關懷。

想像一下，一位專業人員竟然要負責照顧一百五十位個案。實際上，這項工作早已超出他們的負荷能力。在手上的這麼多個案中，很多都屬於困難案例。例如有的家庭，子女與父母同住，甚至還有國籍問題參雜其中。但當所有家庭成員對照顧有各式各樣的意見時，整合這些意見就成了一大難題。每個人都對這個病患有不同的看法和期待。例如，對於同一個傷口的照顧，有的家屬認為應該更積極地治療，有的則認為只需要定時換藥即可。

但願透過這裡的分享，來幫助這些專業人員及病人的家屬。但更重要的是，我希望能夠改變人們的心態。接受照顧或是專業支援不應該被看作是一件會讓人失去尊嚴的事。同時，也不應該

持有「你就是應該服務我」的態度去對待專業人員。有些人會無理地要求，比如說，對照顧者的年齡、外貌等有過高的期待。這對一線的專業人員來說，是非常不公平的。事實上，這種過度的期望和態度往往會對他們造成巨大的壓力。

在長期照護的領域中，每一位專業人員都扮演著不可或缺的角色。從醫生到護理師，再到居家照顧服務員，每個人都有其獨特的專業和價值。然而，很不幸地，有時候某些人的態度和行為卻反映出他們並不尊重這些專業人員的付出和努力。

個案或其家屬，在尋求幫助時，應該抱持著感激和尊重的心態。但在實際的情境中，有些人可能對醫生表現出極度的尊重，卻對護理師發火、發號施令，甚至對居家照顧服務員有所輕視。這種行為不僅讓專業人員感受到不公，更可能影響到他們提供服務的品質和熱情。

想要獲得他人的幫助和關心，首先必須學會尊重他人。這不僅是基本的人際交往禮儀，更是人與人之間基本的信任和尊重建立的起點。希望透過這篇文章提醒每一位個案和家屬，真正想要獲得他人的幫助和支持，就應該從尊重對方開始。因為只有在互相尊重的基礎上，才能建立起穩固的互助關係，共同面對生活的挑戰。

最後，在這個多元複雜的社會中，每個人的經歷和遭遇都是獨特的。我深信，無論處於何種情境，這世界上總有人經歷著比我們更加困難和淒慘的境遇。而值得敬佩的是，這些人仍然頑強地活下去，展現了驚人的生命力和毅力。

對我來說，單單能夠呼吸、活著，就是一件不可多得的幸福。然而，不是每個人都這麼想。有些人可能認為活著是一種煎熬，這常常是因為他們失去了生活的方向和目標。當一個人無法

為自己的生命找到意義、價值和目標時，他可能會陷入深深的困境和迷茫。

　　因此，生活中最重要的不僅是活著，還要學會心境的調整，學會去尋找和感受生命的真正意義、價值和目標。當我們能夠對自己的人生持有清晰的定位和期望，就更有可能感受到真正的幸福和滿足。

90 歲
住院後臥床不起該怎麼辦？
— 醫療、心理

　　黃映霞，一名過了九十歲的高齡老人，在這人生的高峰站了久久。人們總說：「人生若能過九十，即使是臥床也是福氣。」但當她真的住進醫院，臥床不起時，她卻開始對這人生的每一刻有了新的體悟。

　　映霞從不認為自己是個「老人」。她認為自己仍是那個在村裡綁著鞋帶、跑得最快的少女，是那個與青梅竹馬情投意合的年輕女子，是那個不讓兒孫擔憂的堅強媽媽。但當她的身體告訴她，時光流逝得太快，她不得不接受現實。

　　在醫院的這段日子，映霞的視界從開闊的田野，瞬間縮小到白色的病房牆壁。但這四面的限制，並未奪走她對生活的熱愛。在這悠長的日子裡，她開始回想那些消逝已久的過去，也學會了如何與現在的自己和解。

　　如何在高齡、臥床的情況下，找到生活的新意義呢？如何與家人深化情感連結，以及即使身體受限，心靈仍然可以自由翔翔呢？這是我們即將面臨的問題。

四道人生的習題：道謝、道愛、道歉、道別

在二十一世紀的今日，我們不得不面對一個現實：當人們年過九十，生命的沙漏似乎流得更快，每一粒沙子都提醒我們生命進入倒數的階段。

當然，我們都希望能像英國女皇或王永慶那樣，在生命的最後一刻都還充滿活力。但每個人的運氣和命運是不同的。在這人生的尾聲，有人可能會感到時間過得飛快，仿佛眨眼即逝，又有人會覺得每一天都像是一年那麼漫長。

不過，無論如何，都值得我們停下腳步，想想有什麼事情我們尚未完成。這些事情不需要大刀闊斧，不需要登上珠穆朗瑪峰或環遊全球。它可能只是簡單地找到一種內心的滿足與和解。

健康的身心是我們最大的禮物。如果你仍然擁有它，那就繼續珍惜並善待它。但如果你感覺身體和精神開始走下坡，那麼與專業人員合作，勇敢面對它，試圖改善是明智的選擇。當然，若生命即將走到盡頭，我們也可以考慮尋求安寧緩和團隊的幫助，盡可能讓我們的每一天都過得不要那麼痛苦。

安寧療護的精神之一，就是「四道人生」：道謝、道歉、道愛、道別。這不只是對生命中遇見的人道出的話，也是我們對自己的承諾。

道謝：想想那些曾經給予你支持而你可能忘記感謝的人。當然，也不要忘記那些在你生命的最後階段，默默守護你的人。

道歉：有沒有什麼事情，一直掛在心頭，卻始終沒有機會把「對不起」說出口？這是一次機會，讓心靈獲得真正的釋懷。

道愛：愛是每個人的語言，但每個人表達的方式都不同。確保你心愛的人真的知道和感受到你的愛。

道別：生命中最後的道別，可能是最困難的。但如果我們已經完成了前面三項，那麼道別或許不再那麼艱難。

總之，「四道人生」不僅是一種對他人的表達，更是對自己的一種回應與療癒，幫助我們更加圓滿地走完這段人生之旅。

安妮的親身故事：參加爸爸最後的畢業典禮

從小，在汽車後座看著爸爸、媽媽之間的小衝突。他們白手起家，在我們孩子眼中是偉大的。然而，夫妻之間的衝突，也是平凡的。

爸媽的教育方式很開明，不能說是完美，但給了家庭一個說真話的氛圍。尤其在我信仰基督教和學習心理學之後，爸爸、媽媽甚至會向我求助，幾度讓我參與他們婚姻的困難。

我曾經以為與他們相處的美好時光能一直持續，直到突然接到爸爸罹癌的噩耗，當時聽說胰臟癌只能再活幾個月。然而，也許是媽媽無微不至的照顧陪伴，伴隨著他們習慣的拌嘴，爸爸有兩年的時間，依然能天天打麻將，維持和媽媽之間的快樂時光。

2023 年，在端午節前一週，爸爸突然間歇性高燒，急診後準備安排住院，爸爸卻說：「我想回家。」我們全家不斷溝通和共識，也作了最壞的心理準備。然後，簽下自願離院書。

日子又一天天的過，一個多月過去了，每一天都像是撿到

的，爸爸唯一掛念的媽媽時而堅強、時而脆弱。父親節的前一週，爸爸例常性地去醫院，回家後告訴我們，他跟醫生說要放棄治療了。媽媽聽了當場崩潰淚流不止，爸爸請我為他祈禱，求主接他離開。我帶著爸爸、媽媽一起禱告。

這時，我心中有一個很特別念頭進來。禱告後就在家庭群組問其他家人們：今晚或明晚要不要約一個家庭聚會？

好好道愛、道恩、道歉、道別。有這樣的一個想法，也正是我在幸福家庭賦能協會推動的「愛餐四道人生」。所以這次家庭聚會，我就叫它「人生的最後畢業典禮」。

很快家人們有了共識，預計隔天晚上就舉辦爸爸的「畢業典禮」，意料之外，敲定了活動的時間後，媽媽的心情轉陰為晴，爸、媽的食量都變好了。家中氣氛就像是要舉行一個盛大的慶典，爸、媽開開心心地各自點了最愛的生魚片和壽司。

考量到畢業生的體力，畢業典禮最多三十至四十分鐘。先進行信仰上的鼓舞勉勵，讓參與者都有盼望；接著讓畢業生致詞，然後家人們逐一回應，各自說出心中的愛與美好的回憶和感恩；最後，送禮和合影。

媽媽的回應特別溫馨，她說：「自從我跟你們老爸受洗了以後，我心裡平靜許多，就把心中的摯愛都表現出來、愛他；這段期間兩個人互相扶持，所以我很樂意替他服務；你們說要請看護，我覺得不用，我來照顧。」說完轉頭深情望著牽手一生的老伴深情地說：「我要照顧你走最後一程，不離不棄……我的摯愛。主會保佑你平安快樂，與你同在。」

當所有家人一起說出心中的愛，彷彿聚集了強大的力量支持著整個家庭，原本脆弱的媽媽轉為堅強，她感到不是自己孤單面

對失落，而我們這些兒女們也因此感到安心，能持續原來生活中該做的事情。

那個晚上，我們又哭又笑，沒有遺憾。

在那之後的每一天，我們都帶著當時聚集的溫暖和力量生活；爸爸既然選擇面對終了，飲食也隨心所願，他每天都要來一點生魚片和酒，彷彿在溫習畢業典禮那天的美好。

當死亡不再是不能說的祕密，而是全家族共同面對，甚至不是等著某一天的不確定感，這場畢業典禮為我們帶來了深刻的連結，更安心地面對不確定的那一天。

人生沒有不散的宴席，面對死亡，我們可以更勇敢、灑脫；面對離別，我們可以用愛來圓滿。當你的人生走到最終篇，那將是怎麼樣的一段回憶，如果能夠取決於你，請為自己創造幸福的時刻。

真正走過，才知道「一起面對」的強大力量。

• 人生最後的畢業典禮執行方式

考量到畢業生的體力，畢業典禮最多三十至四十分鐘，過程可以隨自己信仰調整流程。

安妮是基督教，現在列出當時我設計的程序：
1. **唱詩歌**：耶穌愛我，我知道。
2. **讀詩篇二十三篇，其他人跟著複誦**。配合 YouTube（https://www.youtube.com/watch?v=OVJguY-A4LU）的影像（靜音），後面的旁白再開聲音。

3. **禱告，開場**：我們的爸爸一生沒有遺憾，他已經完成了任務，要準備畢業了，現在我們先請畢業生致詞，接著由其他人自由回應。
4. **準畢業生致詞。**
5. **所有參與者輪流回應準畢業生。**
6. **送愛（禮物）時間、合照。**
7. **禮成散會。**

關於參與者的回應，方向很自由。事前可參考準備：

你怎麼形容爸爸，回憶一件小時候和爸爸的事，那個影響是什麼？最後要對爸爸說什麼。

小朋友如果不知道如何回應，只需要說：耶和華是我們的牧者，這就夠了。

100 years of

100 歲
長壽養生跟你想的不一樣！
一 養生、營養

　　在遙遠的二十世紀初，有一名牙醫，他名叫溫斯頓·普萊斯（Weston A. Price）。他驚訝於當時現代文明下的人們，牙齒問題與健康問題日益嚴重，而這些問題在傳統部落中卻鮮少出現。於是，他決定放下繁忙的工作，踏上了一場跨越五大洲的尋找傳統部落飲食的冒險之旅。

　　而當普萊斯深入了解這些部落的飲食習慣時，他發現了一系列驚人的事實。這些部落的食物並不是現代人認為的「健康食品」，他們的飲食中充滿了天然的脂肪、發酵食品，以及大量的動物性食品。而這些食品，正是這些部落人們強健的身體和健康的牙齒的秘密所在。

　　這不只是一場關於飲食的探索，更是一場關於人類健康、文化和傳統的深度尋求。從溫斯頓·普萊斯的視角，我們將重新認識到，真正的養生飲食，其實跟我們所認知的大不相同！

恢復傳統的、天然的飲食，是養生第一步

談到養生，你想到什麼呢？有人認為多吃蔬果、吃素食，甚至有人在思考怎麼做才能排毒。可以說每人有自己的養生經，也是飯後閒談的主題。這看似很簡單的命題，在追求實證嚴謹的醫生眼裡，其實很難回答，因為不是沒有標準答案，是許多實驗研究尚待驗證，不然就只能說「多運動」、「多吃健康的食物」等老生常談。

直到看了蓋瑞·陶布斯（Gary Taubes）《好卡路里，壞卡路里（Good Calories, Bad Calories）》這本書，我才發現原來現在許多飲食與營養觀念都是錯誤的，釐清之後我也才明瞭該怎麼養生。

而在本書〈52 歲〉篇章中「健康重生，該如何養生抗老及選擇適合的營養補充品？」一文的討論中，有提到 1977 年是影響營養領域蠻重要的一年。從那一年，公眾普遍接受了「少吃脂肪才健康」的觀念。根據數據顯示，從 1980 年開始，雖然脂肪的攝取確實降低了，但碳水化合物的攝取卻大幅增加。而最驚人的發現是，減少脂肪攝取後，肥胖率與三高慢性病並沒有下降，反而是急劇上升。

當然造成這結果的原因相當複雜，但這代表現在常見的飲食觀念，像是少吃脂肪或避免攝取膽固醇，可能都需要重新審視。我們必須問自己：在現代生活中，我們的飲食觀念是否真的正確？

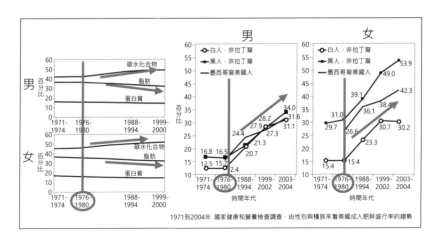

男　女

1971到2004年　國家健康和營養檢查調查，由性別與種族來看美國成人肥胖盛行率的趨勢

左圖：不論美國男、女，在 1976 年後脂肪攝取下降，碳水化合物上升。右圖：1976 年後美國肥胖率大幅上升。（資料來源：Epidemic Rev 2007）

　　當我們回顧 1977 年前後的營養建議和研究，會發現很多如今普遍接受的觀念，其實已遭到了挑戰和修正。比如，曾經有一個非常流行的「油脂假說」。這個假說主張飽和脂肪和動物性油脂會增加心臟病的風險。但你知道嗎？這個說法如今在醫學界仍然存在著爭議，許多醫生也尚未及時更新相關知識。

　　目前可以明確知道的是，人工反式脂肪確實會增加心臟病的風險，但這不代表飽和脂肪和其他脂肪也有同樣的效果。這種思考方式是不合邏輯的。最明顯的反例是「法國人的矛盾」：儘管法國人的飽和脂肪攝取量偏高，但與美國人相比，他們的心臟病發生率卻相對較低。這怎麼解釋呢？

　　另外，近年來，關於「好膽固醇」和「壞膽固醇」的討論也非常熱烈。許多人認為應該多吃「好膽固醇」，少吃「壞膽固醇」。值得注意的是，從 2015 年開始，美國的飲食指南已經取

消了膽固醇的攝取上限。也就是說，食用膽固醇不會對健康造成威脅。

這是為什麼呢？因為食用的膽固醇並不會直接導致體內膽固醇的增加。實際上，膽固醇的主要功能是減少身體的發炎反應，它像一隊救火隊員，當身體某部位出現發炎時，膽固醇會增加以控制發炎。因此，當「壞膽固醇」增高時，實際上意味著身體正在努力抵抗發炎。發炎是罪魁禍首，膽固醇不是。

更重要的是，我們身體會自己製造膽固醇，所以飲食中的膽固醇攝取量減少時，身體製造的量就會增加。反之亦然。因此，膽固醇的飲食攝取和體內風險之間並沒有直接關聯。

到現在你應該了解「吃什麼才能養生」這議題比你想的還要複雜吧！許多人能天花亂墜、侃侃而談各種養生飲食，但常常經不起嚴格檢視。

那麼究竟該怎麼吃呢？就讓我們回歸營養學的原點：

如果你仔細研究營養學發展歷史，就會發現現代的很多健康問題，特別是三高和肥胖，都是西方飲食文化傳播的地方。像代謝症候群等這些問題，以前我們叫它「文明病」。與之相反的、維持傳統部落的飲食與生活反而是健康的，可是只要部落的人接受西化飲食，就開始產生這些文明病。

這意味著這些健康問題與現代文明的飲食和生活習慣有關。因此，當我們試圖尋找現代健康問題的答案時常常會侷限在目前所知的營養素理論，或許我們需要反過來，放大視野，超越現代的營養觀念，深入探索過去，重新認識那些古老但值得尊重的飲食習慣。

很多時候，我們會發現傳統或原始的飲食習慣中，隱藏著許多我們遺忘的健康智慧。這些文化與習慣的遺失可能是導致現代文明病大幅增加的原因之一。

「恢復傳統的、天然的飲食」，這是吃得健康的**關鍵**，我們可以從中找回真正有益於健康的飲食方式。

• 傳統健康飲食跟你想的不一樣！

飲食，是一個文化的鏡像，它反映出一個時代、一個部落或是一個國家的生活方式。傳統部落的飲食習慣是我們了解他們生活的重要窗口。探討這些古老的部落時，會發現一個明顯的特點，就是他們食用內臟的習慣。尤其在臺灣，可以看到許多具有悠久歷史的小吃，如魚卵、豬肝、豬肚、四神湯等，都反映了這樣的飲食文化。

對現代人來說，這種飲食方式可能會引起一些疑慮，因為現今的健康觀念中，很多人認為脂肪和內臟含有高膽固醇，可能不利於健康。這導致了很多人選擇吃瘦肉，避免吃肥肉或內臟。但在古代部落中，這種瘦肉經常是餵飼動物的，而部落人反而會特別去挑內臟吃，獅子、老虎在獵食動物後也是先吃內臟。

事實上，那些被現代人忽略或避免的內臟食物，其實是極為營養的。豬肝不僅富含維生素 A、D、E，還有大量的鐵和鋅，這些都是對人體有益的營養素。而心臟中的輔酶 Q10，是許多營養補充品中都會推薦的成分，因為它對新陳代謝和心臟健康都有益。

因此，我們要開始重新思考自己的飲食習慣。而這不僅是從

食物的選擇上，更重要的是要從整體的認知上來看待。我們不應該僅僅因為現代的觀念而放棄那些有益的傳統食物。如果能更深入地了解這些食物的營養價值，就會發現，原來很多時候，傳統的作法其實是有它的道理的。

最後，真正的健康不只是飲食的選擇，更多的是一個完整的生活方式。包括了飲食、運動、休息等各方面。我們應該更重視的，是如何找到一個合適自己，又能夠達到健康目的的生活方式。而這就需要我們不斷地學習和探索，尋找那個最適合自己的平衡點。

• 「全食物」是傳統飲食最大特點

傳統飲食，它是多種多樣的，源遠流長。這些傳統社群在飲食上的選擇並不是基於現代的營養學知識，而是他們的文化和生活習慣。有些地方，他們可能認為稍微胖一點是好事，表示富足和健康。他們的飲食習慣和觀念是自然形成的，並沒有太多的計算和思考。

所以要探討一個重要的問題：傳統飲食與現代飲食之間的主要差異是什麼？儘管我們提到的食物，比如肉，看起來在過去和現在都是相同的，但它們之間的差異是什麼？

答案可能會令人意外。在古代，食物相對較為缺乏。為了獲得食物，人們必須與野獸戰鬥，或是努力打獵。當每次成功獵到食物時，人們都會珍惜它，盡可能充分利用每一部分，確保沒有任何浪費。相對地，當他們辛勤地種田並收穫作物時，也是同樣的心態。這種飲食方式在西方被稱為「全食物（whole food）」。

什麼是全食物呢？簡單來說，就是盡可能吃下食物的每一部分。這當然不是百分之一百，有些部分可能不適合食用，但經過多年的經驗累積，人們學會了哪些部分可以吃、哪些不能吃。例如，在植物中，人們會盡可能地吃到所有可以吃的部分，包括皮。但現在我們的飲食習慣中，經常去掉水果的皮，失去了其中富含的維生素和微量元素。

然而，最大的差異可能在於我們如何看待肉類。在傳統飲食中，當人們吃動物時，他們不僅吃肉，還會吃皮、筋、甚至骨髓。雖然他們不直接吃骨頭，但他們會利用骨頭熬湯，也會吃動物的內臟。這種全食物的觀念，讓他們能夠完全利用每一部分，也無形中補充到許多重要微量營養，這也是現代飲食中所缺乏的重要觀念。

• 傳統飲食怎麼吃呢？

由「全食物」角度出發，你會看到不一樣的飲食世界，你不會只侷限在現代醣類，蛋白質的制式思考。

現代生活飲食你會發現大家吃的東西差不多，蔬菜就那幾樣，非常地單一化飲食。對比之下，在許多傳統部落中。他們的食物選擇不僅取決於所處的地理位置，還受到文化和傳統的影響，多樣化是一個特點。

首先，靠海的部落主要依賴海洋資源。他們經常捕撈魚類，如鱈魚，作為主要的食材。然而，現代魚的養殖業也逐漸崛起，因為它提供了更穩定的魚源。不過，養殖魚與野生魚的品質和營養價值有所不同。養殖會造成 Omega-6 油酯增加，更容易造成發炎。這在本書〈52 歲〉篇章中「健康重生，該如何養生抗老及選

擇適合的營養補充品？」一文裡有特別探討。

第二類，傳統部落會食用動物的內臟，如心、肝和骨頭，也是部落居民經常食用的食材。這些部位富含營養，對我們的健康有益。我個人有時會在外出吃飯時選擇這些菜餚。例如，當我看到有賣豬肝湯或其他內臟料理的店家，我會嘗試去品嚐。不過，對於食材的品質，還是要特別小心留意。

接下來第三類是使用奶和蛋製品。在某些部落中，雖然他們不常吃內臟，但他們會從奶和蛋中獲取所需的維生素和微量元素。比如說，一些高品質的奶油，這其實富含了很多有益的營養成分。此外，有一種普遍的迷思認為吃蛋黃會增加膽固醇，但事實上，蛋黃中包含了豐富的維生素和營養。所以，我建議大家不要再害怕蛋黃，嘗試全蛋食用。

總的來說，不論是野生，還是養殖，還是選擇動物的哪一部分，最重要的是保證食材的品質和新鮮度。身為現代人的我們可以從這些傳統的飲食方式中汲取經驗，結合現代的生活節奏，找到適合自己的飲食模式。

・十四點原則，讓你簡單養生

了解了傳統飲食重要性與多樣性的特徵，那有沒有簡單方式來進行呢？這就要提到一位牙醫探險家溫斯頓・普萊斯醫師。

他於二十世紀初到世界各地拜訪傳統部落原住民，針對他們飲食進行研究，發現了許多重要原則。他發現那些遵循傳統飲食的社群，其成員通常擁有強壯的體魄、健康的牙齒，以及較低的慢性疾病發病率。

他特別注意到傳統部落飲食富含維他命 A、D 和 K2，這對於骨骼，牙齒，與身體健康扮演極高的重要性。

下面是他強調的飲食原則：

1. **選擇全食物**：盡量吃未經加工的食物，這意味著避免過多的即食和包裝食品。
2. **選擇吃自然放牧的牛、羊、家禽及其內臟**。這些動物在大自然中生活，食物品質更好。
3. **盡量吃野生捕獲的魚，而不是養殖的**。這包括貝殼類和魚子。
4. **選擇放牧牛的全脂奶製品，最好是生的、發酵的**，如生鮮奶、全脂酸奶、酸奶、天然黃油、全脂生乳酪，以及新鮮和酸奶油。這些製品中的營養成分比工廠生產的製品更豐富。
5. **使用天然動物脂肪**，如豬油、牛油、蛋黃、奶油和黃油。不要害怕動物脂肪。它們都是天然的能量來源。
6. **只選擇傳統的植物油**，如特級初榨橄欖油、壓榨芝麻油、少量的壓榨亞麻籽油，以及熱帶油，也就是椰子油、棕櫚油和棕櫚仁油。
7. **注意補充維他命 A 與維他命 D 相關的食物或補充品。**
8. **食用新鮮的水果和蔬菜，最好是有機的**。在沙拉和湯中使用蔬菜，或者用黃油輕輕蒸煮。
9. **穀物和堅果**：在烹煮之前，首先浸泡、發芽或發酵它們，以消除其中可能不良的成分。
10. **發酵食品**：常常在飲食中加入富含酶的乳酸發酵的蔬菜、水果和飲料。
11. **自製骨頭高湯**：用放牧雞、牛、羊的骨頭和野生魚來製作家常肉湯，並在湯、燉煮、肉汁和醬料中大量使用。
12. **限制精製的甜味劑和糖**：推薦使用天然的甜味劑，例如

蜂蜜和楓糖。

13. **確保充足的睡眠、適量的運動，多吸收天然陽光。**
14. **保持積極的心態並學會寬恕他人。**

這十四條其實表達一個飲食心法就是「吃得天然（eat naturally）」。讓我們開始恢復傳統飲食原則，吃「全食物」，同時開始嘗試在現在飲食中加入上面十四條原則吧！養生其實可以很簡單，把傳統飲食原則融入在你每一餐即可。

若想了解更多傳統飲食與營養內容，可掃描下方 QR 碼學習。

東、西方對養生運動的看法截然相反

在此，我們來聊聊養生與運動。

當我們觀察野生動物，你會注意到他們的生活方式和我們有很大的不同。雖然我們都強調休息的重要性，但野生動物沒有像我們一樣設定特定的「運動」時間。他們所做的是自然的、生存所需的活動，而不是特定的運動。

雖然我們屬於動物，但我們的生活方式因現代工作和社會習慣而變得更加座椅化。這使得我們會呆坐著長久不動，因此，我們需要適時地活動身體。比如，長時間坐著工作後，建議進行短

暫的休息和活動。

現代運動觀念希望你運動，練習健身和增肌，但放在自然界不是每個生物的天然選擇。事實上，大多數動物不會特地去「練肌肉」。

這引出了我個人的哲學觀點：練習肌肉或使用肌肉的力量可能並不是絕對必要的。這觀點是我從太極拳中得到的啟示。

現代西方運動哲學強調「運動」和「健身」，這與東方傳統哲學強調「養生」和像太極拳這種緩和的活動，有很大的區別。例如，西方的健身文化著重於鍛鍊肌肉、增加力量和反應速度。而東方的太極拳則強調放鬆、柔韌和筋骨的鍛鍊。

很多西方電影中，我們常常看到英雄擁有強大的肌肉、迅捷的反應和足夠的力量去打敗壞人。而在東方文化中，反而是年長的長者以弱勝強的形象，我們認為真正的力量來自於順應自然、鬆柔和筋骨的鍛鍊。

太極拳，一種東方武術，並不強調使用力量，而是放鬆。這與西方強調的力量和反應完全相反。在太極拳中，力量是通過放鬆和筋膜的連接來達成的。

簡單來說，西方的健身觀念是「加法」，強調增加肌肉、力量，而東方則是「減法」，鼓勵人們去除多餘的力量和壓力，尋找身體與心靈的平衡。

你會發現東、西方不同的文化和哲學會有不同的運動觀點。哪一種最適合自己來保持身體健康和活力呢？這是一個蠻值得探討的問題，而這又牽扯到我們對肌肉應用的理解。

• 肌肉與力量跟你想的不一樣

談到東方哲學與西方健身觀念時，會發現兩者有著巨大的區別，那就是肌肉。西方非常追求練出明顯的肌肉，相信肌肉是身體力量的來源。但是，事實真的如此嗎？

想像一下，如果要你半蹲，能夠維持多久呢？可能短短幾分鐘就會感到疲憊。然而，要你站立，或許能輕鬆站上數小時。這兩者的差異在哪裡？當你半蹲時，身體的重量全都靠肌肉來支撐，而肌肉的耐力其實遠不如我們想像的那麼長。這就說明了，僅僅依靠肌肉，其實並不能給予我們長時間的支撐。

再看看健身房中的深蹲動作。許多人認為深蹲可以增強腿部的肌肉，但實際上，當你在這種姿勢中輕輕被人推一下，很容易就會失去平衡。這就證明了，肌肉的力量並不能真正幫助我們在真實情境中有效應對。

另外，訓練出明顯的肌肉在視覺上非常吸引人，但它可能會對身體造成負擔，因為用力的地方容易受傷。比如說，許多人因為偏重訓練某一部分肌肉而使身體變得不對稱。這種偏差不僅僅在肌肉上，即使是我們的骨骼，也可能因為日常習慣而出現微小的不平衡。

肌肉在人體中是一個奇妙且相互連動的系統。很多人誤以為健身是為了單獨訓練某塊肌肉，比如二頭肌。但實際上，當你訓練某個部位時，很多相關的肌肉也在參與這個運動。這意味著你可能會在某個地方過度訓練，而忽略了其他部位。

現在摸摸自己胸口肋骨的地方，你會發現多人的肋骨會出現不平整的情況，這是因為身體中許多肌肉受到不同緊繃造成，例如我們慣用手的肌肉頻繁使用，所以比另一隻手大，致使身體偏

斜，與肋骨骨架改變。

尤其在肌肉用力時，其實它會鎖定某個特定的關節，使之不動。所以，雖然外表看起來像是活動，但內部有些部分是鎖死的，沒有真正參與運動。這就是許多頂尖運動員告訴我們，真正的運動需要放鬆的原因，因為真正要動到體內的話，我們需要放鬆來得到最大的運動範圍。

要理解這一點，可以嘗試兩個小實驗。首先，緊握你的拳頭，然後用另一隻手輕輕推它。你會發現大部分的壓力都在你的拳頭上。接著，讓拳頭放鬆，但讓你的手肘和肩膀用力。當你再次用另一隻手推時，你會發現力量反而會施加在用力的地方。

「肌肉緊繃用力的地方，是最脆弱的位置」，這是東方文化發現的一個重要的定理。而這在醫師與物理治療師中尚且很少人能真正理解。

這也是為什麼東方的哲學和訓練方法並不追求明顯的肌肉，而是談論筋骨，希望追求正確的身體結構。談到傳統的東方武術，很多動作都是慢慢來，目的是為了在練習中找到身體最自然、最合適的結構，這樣在面對外部力量時，身體結構才能提供真正的支撐，而不是依賴肌肉。

真正的力量不是來自於明顯的肌肉，而是來自於正確、健康的身體結構。東方哲學追求的，就是這種內在的平衡和力量。

• 放鬆養生的心法：動得自然

再進一步來說，我們應該更加重視古老的東方站姿和姿勢調整。這種傳統方式教我們如何放鬆，恢復自然的身體結構，就像

小孩子和動物那樣。一個放鬆的身體帶來的好處是明顯的：不必追求那些最終會消失的肌肉，同時你的皮膚會變得像小孩般細緻滑嫩。

尤其當你完全放鬆，不再使用不必要的力量時，你的身體會更加適應於各種自然動作，減少受傷的風險。許多運動傷害其實都源於我們在某個部位過度用力，使得力量衝擊到身體的弱點。

再舉一個現在 99％的人，甚至連醫生都可能會犯的錯誤，那就是站姿。

你現在站起來，注意一下自己的腳是整個打直，還是膝蓋微彎？

基本上大部分的人都是膝蓋打直，然而這是錯誤的。如果我們的膝蓋過於伸直，很可能會影響骨盆的位置，讓骨盆容易前傾。而正確的站立姿勢應該是膝蓋略有彎曲，這也是在觀察動物和小孩時，就會發現他們很自然膝蓋都是自然彎曲，他們自然而然就會呈現這種站立姿態（見下圖）。

這裡有一個小訣竅，當你站立時，不要將重心完全放在腳後跟，而應稍稍將它移向前方，這會使你的膝蓋自然地微彎。這才是人體的自然站姿，而這也是東方武術強調的姿勢。如果你將骨盆稍微前傾，重心移前，你會發現膝蓋自然地彎曲。這概念或許有些新奇，但相信我，它對身體健康很有幫助。

　　因此，如果你真的想要保持健康，有效率地運用身體，讓受傷的機會達到最小化，並展現出自然健康的外觀，那麼你真的應該考慮回歸自然的運動方式，學習動物和小孩子的動作。只要我們能夠放鬆和調整體態，身體自然會得到養生的效果，這也是為什麼我堅信和實踐東方的運動哲學。我們都應該開始「動得自然（move naturally）」的自然活動，回復我們真正的自然體態。

不只追求生理長壽，更重要的是心靈長壽

　　前面文章中，分享了飲食與運動兩個心法：「吃得天然」、「動得自然」，在日常生活中，還有其他觀念我們需要了解並落實。其中要體悟到，「生、老、病、死」這四個字，不只是人生的自然環節，還是一種必須接受的常態。理解了這個，你會發現我這醫師的看法很特別，因為我經常和其他醫師的說法不太一樣。

　　在現今的醫學領域，許多醫生已不再是真正的「醫生」，而

是專注於「醫病」。他們的目標主要集中在疾病本身，試圖解決它。但我認為，「生、老、病、死」這是一種自然的過程，並不需要過度治療。

舉個例子，假設我現在患有糖尿病。如果我不對它進行治療，它可能會進一步惡化。這是我們常說的「惡化出現的病症」。但另一方面，當我們進行某些養生練習，你可能會發現原本不痛的部位開始出現微痛。這時，許多現代醫生可能會建議你服用止痛藥。但我認為，這樣的痛其實是身體恢復的反應，被稱為「恢復出現的病症」。這不應該被抑制，而是要尊重它，並按照自然的原則讓疾病自然而然地好轉。

當你蹲在廁所時，你可能一開始會覺得不舒服。但久了，你可能會逐漸麻木。然而，當你從蹲姿站起來時，你可能又會覺得不舒服。這種疼痛雖然讓人不悅，但它實際上是身體恢復的一部分，是一件好事。

那麼，如何判斷症狀是恢復，還是惡化呢？首先，你需要有一些醫學知識。疼痛可能是初期的徵兆。如果你感到微痛，但確定你沒有錯誤的姿勢或因運動受傷，那麼很有可能是恢復的症狀。此時，你可以選擇輕微的藥物來緩解，但你應該保持一種順其自然的態度，讓身體自然調節。

最重要的是，我們要學會欣賞每一刻，知道自己的目標，明確人生的方向。這意味著，即使在前進的過程中，也要珍惜當下，思考人生的意義，並確保每一步都走得穩健。

所以，養生的核心就是回歸自然，與自己的內心對話。現代人可能已經遺失了很多傳統的知識和生活方式，但透過學習和實踐，仍然可以找回那種自然和諧的生活節奏。養生不僅僅是吃得好或做運動，更重要的是，不做違背自然的事情，跟隨自己的心

意，過一個簡單、快樂的生活。

總而言之，我們需要了解生、老、病、死的自然過程，並尊重它。如有任何疑問或不確定，隨時可以向我詢問或參加我們的團體課程，我們會樂於與你分享。

• 真正的養生是什麼？

對許多人來說，養生可能聽起來是一個深奧的學問。但對我而言，養生其實很簡單。它就是：好好吃、好好玩、睡得好、多活動，珍惜生命中的每分每秒。這些都是幫助我們維護健康和快樂的元素。

病痛並非純粹的不幸，它其實是身體給我們的警訊。當我們感覺不適，這可能意味著我們在某方面可能做得不對。當然，當有身體不適時，第一步應該是尋求醫生的意見。但根據我所了解，有時只有三成的情況是真正需要醫學治療，其餘的七成可能只是因為我們的生活習慣不佳。這個時候，我們就應該檢視：自己是否吃得健康？休閒方式是否正確？是否獲得足夠的休息？

醫生的時間往往有限，他們可能沒有足夠的時間深入了解每位病人的生活方式。所以，我認為那些真正追求健康的人，需要花時間自我反思和調整。

飲食方面「吃得天然」，了解自然的規律和傳統的飲食原則是很重要的。儘管這可能需要花費一些時間和學習，但這是值得的。至於休閒活動，應該尋找讓心情愉悅的方式，例如親近大自然、欣賞山海大地、享受陽光的溫暖。

運動方面「動得自然」，對健康非常重要，但我們應該明白

其次序。在進行劇烈運動之前，確保充足的休息是非常必要的。我們必須學會聆聽自己的身體，遵循自然的規律。許多動物都是這麼做的：當它們感到疲憊時，它們會選擇休息而不是持續活動。

至於「動」這個部分，其實是最容易被誤解的。正確的運動和體態是需要學習的，不是天生就知道。而很多人都已經忘記了人體運動的基本原則。所以，鼓勵大家去學習和掌握正確的運動方法和體態。

所以我的養生原則很簡單，就是順應自然規律。人類已經存在了幾萬年，但許多今天的人工食品，特別是高度加工的食品，其實只有五十到一百年的歷史。這意味著，我們還不完全知道這些食品對我們的身體有什麼影響。而有些產品雖然廣告宣傳說很有效，但實際的研究結果卻可能與之相反。

所以，我們需要對人工製造的東西進行嚴格的驗證，特別是藥品。不過，這不代表所有傳統的方法都是好的，只是那些經過現代科學驗證的傳統方法，我們可以採納。

我的目標是讓大家理解這個原則，然後了解飲食、運動、作息和睡眠應該遵循的自然規律。只要把握住這些基本原則，我們就能活得更健康。

總之，真正的養生不是一件複雜的事。只要努力學習、調整生活方式、聆聽身體的訊息，就能夠更好地照顧自己。

豐富你的人生下半場

・辨識人生的負債與資產

當我們能區分資產與負債，並將負債轉化為資產時，人生就會自然而然地轉變，逐漸地擁有更多的資產、更少的負債。所以看到這裡，請思考一下，在心理、健康、財務、法律層面，你有哪些資產，哪些負債？

其實在產生有形或無形負債之前，有一個中介，就是「錯誤的觀念」。

錯誤的觀念，不只可能會形成不好的信念或價值觀，還可能會導致有形或無形負債的累積。例如：

1. 因為有錯誤的投資理財觀念，如「只要買績優股，就不用怕被套牢」，所以在整體經濟轉差，而突然急需用錢

時，被迫低價賣掉持股，造成巨額損失。

2. 因為有錯誤的健康養生觀念，如「每天都有吃保健食品，就會健康」，所以退休後整天看電視，久坐不動，導致健康狀況直落。

3. 因為有錯誤的溝通觀念，如「溝通就是想辦法讓對方接受我認為正確的概念」，所以忽視了對方的心情與感受，導致關係失和。

反之，擁有正確的觀念，有機會形成好的信念或價值觀，還可能導致有形或無形資產的累積。譬如：

1. 因為有正確的投資理財觀念，如「不會只看短線進出，而是長期累積複利，讓資產增長」，所以遇到市場下跌，能處變不驚、長期持有好的資產。

2. 因為有正確的健康養生觀念，如「正確的姿勢可以令人健康」，所以不會有腰痠背痛的情況發生。

3. 因為有正確的交流觀念，如「不預設立場、不要求別人認同、不要求說服和改變對方、不受對方影響」，所以與人人都能建立良好的關係。

而擁有正確的觀念之後，我們就擁有辨識資產和負債的能力。

依本書的內容，有形負債可以分成：財務上的債務、持續找明牌飆股的行為、沒有作意定監護和預立醫療決定、不正確的姿勢、不健康的食物和不恰當的營養補充品。相對的，有形資產可以分成：優質現金流資產、年金化、資產活化、有作意定監護和預立醫療決定、正確的姿勢、健康的食物和恰當的營養補充品。

而無形負債不像有形負債那麼容易辨識。因為我們可能在很多不同的情境下，產生負面心理。

例如本書中提到：

1. 與父母的關係並沒有隨著成長，從上下關係轉變成平等關係。
2. 因為父母說出來的常常不是真正想要的，所以當子女完成這些願望後，卻發現父母依然哭訴，令人挫折不斷。
3. 長期忍受不順暢的夫妻溝通。
4. 長年照顧孩子，突然發現孩子已經長大，不再依賴自己。

諸如此類，這些都是可能產生無形負債的情境。

• 將負債轉化為資產

由於可能產生無形負債的情境很多，且每人需要解決的議題不同，所以可用下列三個步驟來處理：

1. **先列出對自己影響最重大的情境或事件。**
2. **依序列出幾個對自己影響相對較小的情境或事件。**
3. **直接列出對自己影響最小的情境或事件。**

這三個步驟的好處是，如果第一步能夠解決，就表示其他負面心理將會迎刃而解。然而有時候可能太複雜或心理無法承受，所以要退而求其次，先處理次要的。但如果還是不行，就先從最小的開始，再一步步轉化。

那麼該如何轉化呢？

列出情境或事件之後，仔細想想為什麼自己會有那樣的負面心理反應？看看自己的反應是屬於「自我認同」、「信念或價值觀」、「能力」、「行為」中哪一個層次（請參考本書〈50 歲〉篇章中「你需要的不是溝通，是交流」一文的內容）。

要注意的是「自己的反應」而不是「別人的言行」。無論別人的言行是什麼，關鍵是自己在內心中如何歸類，因為這決定了我們反應的強烈程度。

如果是「自我認同」，那麼請記得：你是自己的主人！

如果是「信念或價值觀」，那麼請思考：信念或價值觀背後的動機或目標是什麼？如果是為了對方好，那麼又何必堅持己見？如果對方真的選擇了對他不好的，而且堅持自己是正確的，那麼至少在當下或一段時間內不會改變心意，那麼又何必起爭執？順勢而為，反而更能夠完成你的動機或目標。

如果是「能力」，那麼請思考：如何增進自己的能力？

如果是「行為」，那麼請思考：自己怎麼調整會更好？

你會發現這個過程是透過逐步地「內省」，讓自己跳脫出舊有的思考框架，用不同視野審視整個情境或事件。

你更會發現，如果我們愈堅持自己是正確的，就愈會去「要

求別人達成我們認為的正確」，而這正是紛爭的源頭。這個紛爭可能是當下就發生，也可能在一段時間後發生，因為別人可能一時在表面作出改變，但卻不是發自內心，因此最終可能會爆發衝突。

所以，唯有「放下」對別人的要求，轉向內求「提升」自己，才能真正的遠離紛爭。也只有當自己愈變愈好，才會帶動周遭的人一起變好。而這正是將無形負債轉化成龐大無形資產的關鍵！

資產與負債，有的時候只是一線之隔。

因為一場巨變，導致有形資產轉化為有形負債。

因為一時幸運，導致有形負債轉化為有形資產。

因為說錯一句話、做錯一件事，導致無形資產轉化為無形負債。

因為說對一句話、做對一件事，導致無形負債轉化為無形資產。

因此，投資理財要特別注意合理的風險和報酬，尤其是風

險，這樣碰上巨變時才不會變成一無所有，而幸運時，有機會賺到意想不到的財富。同理，「謹言慎行」才能夠最小化你的無形負債、最大化你的無形資產。

最後，我們真正能留給孩子的最大資產，並不是天文數字的有形資產，而是歷久彌新的智慧：道德。無論有多龐大的有形資產，若沒有道德，終將歸於無，甚至是轉化為負債；只有道德，才能長長久久。因此，從現在就開始打造你的無形資產吧！希望這本書能豐富你的人生下半場！

由於本書未收錄的資料放在下方 QR 碼的網站中，若想進一步看更多內容，可掃碼查閱。

【作者簡介】

人生 CEO 創辦人 吳佳駿－小吳醫師 Ray

　　斜槓醫師、知識變現教練、《小吳醫生首度公開！知識變現金的網路經營術》作者。背後行銷操盤手協助多項領域：投資理財、財務規劃、心靈成長領域行銷。擅長快速學習，化繁為簡，深刻洞察醫療、養生、理財投資和網路創業的核心原則。

　　本書主要負責人，希望透過本書能讓更多人明瞭人生下半場的各種議題，能事先作好萬全準備，從容應對，寫出豐富精彩不悔的人生故事。

　　小吳醫師專屬網站：https://knowledge-cashback.com

　　更多本書延伸內容，請掃描下面 QR 碼，以了解更多。

人生 CEO 共同創辦人／文字通商學院創辦人 劉詠廷

　　3 個身分：顧問、創業家、投資人

　　2 個零到一：兩個新創公司的經歷

　　1 個一到十：一個投資起飛的歷程

　　專精於將中華文化結合現代心理學，運用在銷售、創業、投資和生活之中。

　　劉詠廷專屬網站：https://throughword.com/

幸福家庭賦能協會創會理事長 邱家潔－幸福顧問安妮

　　我是幸福顧問安妮，兩歲就決定念心理系，從小對於人性觀察入微，相信人在學校的學習以外，應該有更多探索的自由，大學開始寫《佳音雜誌》專欄〈學習零障礙〉，輔大應用心理系畢業後出書。完成華神教牧輔導碩士和教育部家庭教育認證，長期陪伴青少年，發現需要啟發更多成人，方能共同創造下一代的幸福。

　　為了打造永續的社會，正走往企業領域號召幸福領頭羊，相信少數領頭羊可以影響多數，讓我們在迎接人生下半場時，不僅不會成為社會的負擔，還能獲得生命豐碩的祝福。現為幸福顧問安妮創辦人和幸福家庭賦能協會創會理事長。

財務策劃師 蘇裕豐－專精投資安全避開詐騙的財務醫生

　　全臺唯一連續 3 年榮獲臺灣最佳財務策劃師殊榮，財務規劃實力經得起律師、會計師、金控機構與大學教授的考驗，是全臺少數同時擁有美中臺三地的財務策劃師證照，可以處理跨國境的財務問題；同時也是 10 年生 5 個寶貝孩子的幸福爸爸，是財務規劃理念與實戰的實踐家，更是專利發明「詐騙警示紅綠燈」，讓民眾可以學會判斷哪些是詐騙的紅燈，哪些是可投資的綠燈。

　　願景：給您一生一世的幸福財富

　　使命：用考察避詐騙，讓投資降風險，讓理財增效益

　　價值觀：人擺對位置就有價值，錢擺對位置就能增值

　　蘇裕豐個人網站：https://suyufong.com.tw

LINE @官方網站　　蘇裕豐個人網站

平安葉治威聯合診所醫師 葉國平

　　臺北醫學大學醫學系

　　新竹縣醫師公會祕書長

　　新竹縣診所協會理事

　　前臺北榮總高齡醫學中心主治醫師

　　目前在新竹縣基層診所服務，加上曾長期擔任北榮高齡門診主治醫師的經歷，對於長者平時在社區的醫療需求，或是醫院裡的嚴重救治，都能掌握得宜，提供長者全面的醫療健康照顧。

　　平安葉治威聯合診所臉書粉絲專頁：

　　https://www.facebook.com/theyehclinic

創彧法律事務所律師 曾智群

　　斜槓執業律師／東吳大學法律研究所

　　20 年執業中，長期接觸家事、商務及不動產案件，並關注家族關係治療議題，因此陸續取得專利師資格，心理諮商師資格及不動產經紀人執照，期望讓問題處理的態樣，可以更全面及圓滿。

　　創彧法律事務所網站：https://www.cu-law.co/

創彧法律事務所　　　LINE @帳號

全齡樂遊健康促進發展協會理事長 巫奉約

　　因天生辨色力弱、聽力損傷及二十年前車禍造成大腦受傷的經歷，深知高齡族群的生理狀態。以個人挫折為動力，研發出身腦逆齡課程模組，致力於讓高壽不再是衰弱和失能的代表，而可以是一個充滿希望和活力的人生階段。

　　全齡樂遊健康促進發展協會臉書粉絲專頁：

https://www.facebook.com/HealthyGDA

桂冠食品營養師 吳宜倩－Joanne

　　身為營養師的我，熱衷於挖掘食物、營養素對於自身健康的影響，且認為並非單一食物可以滿足人體所有需求，每一種食物都有其特點，因此致力於推廣人們應該駕馭食物而不是被食物駕馭的觀念，期望大家可以正向面對食物，開心享受每一餐。

社團法人臺中市居家護理聯盟協會理事長／
大慶居家護理所創辦人 王芷湄

願景：期盼個案家庭都能幸福在宅安養、終老。

使命：帶領居家護理師深耕社區服務，結合在宅醫療落實醫養合一。

從事第一線護理工作迄今已超過 30 年，中台醫專畢業後在醫院急重症單位服務後，民國 94 年投入到社區居家護理，看盡人生百態，每位個案及家庭都是我的人生導師，每個家庭都有著許多不得不的壓力存在，但仍堅強樂觀；所謂活到老學到老，我持續在長照領域深耕社區發展，期盼在少子、高齡的環境能學以致用，秉持樸質、當責、創新的企業文化，在長照界永續努力實踐快樂在宅老化之夢想！

大慶居家護理所官網　臉書粉絲頁

宗岳門分合太極拳總會會長 李健儒

宗岳門傳印師／布武道館館長／工研院研發工程師

唯一鬆柔指領太極拳傳人。

熱衷研究以指領鬆身貫串養身、武術、兵擊的鬆柔身體操作，提出東方運動學是以簡馭繁，囊括鬆身、養身、防身、武術、技擊的全方位運動。著有《王宗岳太極拳釋之行與坐》、編有《王宗岳太極拳釋上中下冊》。

更是本書站姿、坐姿、養身、運動首倡作者，指出現有坐姿90 度～95 度的謬誤，提出正確坐姿、站姿方式，提高鬆柔養身效益。

布武道館網站：https://www.zytaiji-buwu.com

道館 LINE @群組　道館官網

台灣廣廈 國際出版集團
Taiwan Mansion International Group

國家圖書館出版品預行編目（CIP）資料

預見 50 歲後的大小事，生命中不能不知的關鍵時刻；集各領域專
家教你解決中年後的財務、醫療、心理、法律等各種問題 / 吳佳駿、
劉詠廷、邱家潔、蘇裕豐、葉國平、曾智群、巫奉約、吳宜倩、王
芷湄、李健儒
-- 初版. -- 新北市：財經傳訊出版社，2023.10
面； 公分. --（sense；75）
ISBN 978-626-7197-38-7(平裝)
1.CST: 生活指導 2.CST: 成功法

177.2

12014691

財經傳訊
TIME & MONEY

預見 50 歲後的大小事，生命中不能不知的關鍵時刻
集各領域專家教你解決中年後的財務、醫療、心理、法律等各種問題

作　　者／吳佳駿、劉詠廷、邱家潔、蘇裕豐、葉國平、曾智群、巫奉約、吳宜倩、王芷湄、李健儒	編輯中心／第五編輯室 編 輯 長／方宗廉 封面設計／張天薪 製版・印刷・裝訂／東豪、紘億、弼聖、秉成

行企研發中心總監／陳冠蒨　　　　線上學習中心總監／陳冠蒨
媒體公關組／陳柔彣　　　　　　　數位營運組／顏佑婷
綜合業務組／何欣穎　　　　　　　企製開發組／江季珊、張哲剛

發 行 人／江媛珍
法 律 顧 問／第一國際法律事務所 余淑杏律師・北辰著作權事務所 蕭雄淋律師
出　　版／財經傳訊
發　　行／台灣廣廈有聲圖書有限公司
　　　　　地址：新北市 235 中和區中山路二段 359 巷 7 號 2 樓
　　　　　電話：（886）2-2225-5777・傳真：（886）2-2225-8052

代理印務・全球總經銷／知遠文化事業有限公司
　　　　　地址：新北市 222 深坑區北深路三段 155 巷 25 號 5 樓
　　　　　電話：（886）2-2664-8800・傳真：（886）2-2664-8801
郵 政 劃 撥／劃撥帳號：18836722
　　　　　劃撥戶名：知遠文化事業有限公司（※單次購書金額未達 1000 元，請另付 70 元郵資。）

■ 出版日期：2023 年 10 月　　　　■ 初版 2 刷：2024 年 6 月
ISBN：978-626-7197-38-7